Katja Neder

Entwicklungstendenzen der Informations- und Kommunikationstechnologien in
der Automobilindustrie

Bibliografische Information der Deutschen Nationalbibliothek:

Bibliografische Information der Deutschen Nationalbibliothek: Die Deutsche Bibliothek verzeichnet diese Publikation in der Deutschen Nationalbibliografie; detaillierte bibliografische Daten sind im Internet über http://dnb.d-nb.de/ abrufbar.

Copyright © 1998 Diplomica Verlag GmbH
Druck und Bindung: Books on Demand GmbH, Norderstedt Germany
ISBN: 9783838614595

http://www.diplom.de/e-book/217310/entwicklungstendenzen-der-informations-und-kommunikationstechnologie-in

Katja Neder

Entwicklungstendenzen der Informations- und Kommunikationstechnologie in der Automobilindustrie

Diplom.de

Katja Neder

Entwicklungstendenzen der Informations- und Kommunikationstechnologie in der Automobilindustrie

**Diplomarbeit
an der Fachhochschule Wiesbaden
April 1998 Abgabe**

Diplomarbeiten Agentur
Dipl. Kfm. Dipl. Hdl. Björn Bedey
Dipl. Wi.-Ing. Martin Haschke
und Guido Meyer GbR

Hermannstal 119 k
22119 Hamburg

agentur@diplom.de
www.diplom.de

ID 1459
Neder, Katja: Entwicklungstendenzen der Informations- und Kommunikationstechnologie
in der Automobilindustrie / Katja Neder · Hamburg: Diplomarbeiten Agentur, 1999
Zugl.: Wiesbaden, Fachhochschule, Diplom, 1998

Dipl. Kfm. Dipl. Hdl. Björn Bedey, Dipl. Wi.-Ing. Martin Haschke & Guido Meyer GbR
Diplomarbeiten Agentur, http://www.diplom.de, Hamburg
Printed in Germany

Diplomarbeiten Agentur

Wissensquellen gewinnbringend nutzen

Qualität, Praxisrelevanz und Aktualität zeichnen unsere Studien aus. Wir bieten Ihnen im Auftrag unserer Autorinnen und Autoren Wirtschafts·studien und wissenschaftliche Abschlussarbeiten – Dissertationen, Diplomarbeiten, Magisterarbeiten, Staatsexamensarbeiten und Studien·arbeiten zum Kauf. Sie wurden an deutschen Universitäten, Fachhoch·schulen, Akademien oder vergleichbaren Institutionen der Europäischen Union geschrieben. Der Notendurchschnitt liegt bei 1,5.

Wettbewerbsvorteile verschaffen – Vergleichen Sie den Preis unserer Studien mit den Honoraren externer Berater. Um dieses Wissen selbst zusammenzutragen, müssten Sie viel Zeit und Geld aufbringen.

http://www.diplom.de bietet Ihnen unser vollständiges Lieferprogramm mit mehreren tausend Studien im Internet. Neben dem Online-Katalog und der Online-Suchmaschine für Ihre Recherche steht Ihnen auch eine Online-Bestellfunktion zur Verfügung. Inhaltliche Zusammenfassungen und Inhaltsverzeichnisse zu jeder Studie sind im Internet einsehbar.

Individueller Service – Gerne senden wir Ihnen auch unseren Papier·katalog zu. Bitte fordern Sie Ihr individuelles Exemplar bei uns an. Für Fragen, Anregungen und individuelle Anfragen stehen wir Ihnen gerne zur Verfügung. Wir freuen uns auf eine gute Zusammenarbeit

Ihr Team der *Diplomarbeiten* **Agentur**

Dipl. Kfm. Dipl. Hdl. Björn Bedey –
Dipl. Wi.-Ing. Martin Haschke ——
und Guido Meyer GbR ————

Hermannstal 119 k ————
22119 Hamburg ————

Fon: 040 / 655 99 20 ————
Fax: 040 / 655 99 222 ————

agentur@diplom.de ————
www.diplom.de ————

Inhaltsverzeichnis

Abkürzungsverzeichnis

Abb.	Abbildung
ACEA	Association des Constructeurs Européens d'Automobiles
ANX	Automotive Network Exchange
bzw.	beziehungsweise
ca.	circa
CAD	Computer Aided Design
CAE	Computer Aided Engineering
CAM	Computer Aided Manufacturing
CAP	Computer Aided Planning
CAQ	Computer Aided Quality Assurance
CCFA	Comité des Constructeurs Français d'Automobiles
CIM	Computer Integrated Manufacturing
d.h.	das heißt
DM	Deutsche Mark
DMU	Digital Mock-Up
DV	Datenverarbeitung
EDI	Electronic Data Interchange
EDIFACT	Electronic Data Interchange for Administration, Commerce and Transport
E-Mail	Electronic Mail
EU	Europäische Union
EUCAR	European Council for Automotive Research and Development
Hrsg.	Herausgeber
IT	Informationstechnologie
Kfz	Kraftfahrzeug
MDI	Mazda Digital Innovation
Mio.	Million
Mrd.	Milliarde

ODETTE	Organisation for Data Exchange by Tele Transmission in Europe
o.V.	ohne Verfasser
PC	Personal Computer
Pkw	Personenkraftwagen
PPS	Produktionsplanungs- und -steuerungssystem
S.	Seite
SEDAS	Standardregelungen einheitlicher Datenaustauschsysteme
STEP	Standard for the Exchange of Product Model Data
u.a.	unter anderem
VDA	Verband der Automobilindustrie e.V.
VDI	Verein Deutscher Ingenieure
Vgl.	vergleiche
z.B.	zum Beispiel

Abbildungsverzeichnis

1 Einleitung

1.1 Problemstellung und Zielsetzung

Die heutige Automobilindustrie zeichnet sich in stärkerem Maße als viele andere Industriezweige durch eine sehr hohe Markt- und Wettbewerbsdynamik aus. Rahmenbedingungen wie die stark zunehmende Globalisierung des Wettbewerbs, Absatzrückgänge in traditionellen Märkten, Überkapazitäten, kurze Produktlebenszyklen und Entwicklungszeiten, hohe Qualitätsanforderungen oder enormer Kostendruck haben einen internationalen Verdrängungswettbewerb ausgelöst. Dieser zwingt die Automobilhersteller zur permanenten Optimierung ihrer Leistung. Um in diesem globalen Wettbewerb bestehen zu können, müssen die Unternehmen äußerst flexibel auf diese neuen Herausforderungen reagieren.

Ziel dieser Arbeit ist es, aufzuzeigen, inwiefern moderne Informations- und Kommunikationstechnologie die Automobilindustrie bei der Bewältigung der heutigen Marktanforderungen unterstützen kann und wie Unternehmen durch ihren effizienten Einsatz Wettbewerbsvorteile in einer sich schnell verändernden Umwelt aufbauen und stärken können.

1.2 Gang der Untersuchung[1]

Am Anfang dieser Arbeit steht eine Definition der Begriffe Informations- und Kommunikationstechnologie sowie ein grober Überblick über den IT-Markt. Im Anschluß daran wird in Kapitel 3 die Automobilindustrie dargestellt, zunächst durch eine Beschreibung der Entwicklung von

---

[1] Den Aufbau der vorliegenden Arbeit verdeutlicht Abbildung 1.

Eckdaten wie Automobilproduktion und -absatz. Anschließend werden derzeit erkennbare Entwicklungstrends im Bereich der Automobilindustrie erörtert, wobei sowohl Herausforderungen an die Automobilhersteller im allgemeinen als auch Herausforderungen an die Produktentwicklung im besonderen behandelt werden. In Gliederungspunkt 4 werden einige informationstechnologische Innovationen vorgestellt, die in der Automobilindustrie schon heute Anwendung finden oder in naher Zukunft von großer Bedeutung für die Unternehmen der Branche sein werden. Der darauf folgende Abschnitt beinhaltet die beispielhafte Darstellung der IT-Landschaft von Mercedes-Benz und VW, welche sich aus einer Fragebogenaktion der Verfasserin ergeben hat. Abschließend wird aufgezeigt, wie mit Hilfe moderner Informations- und Kommunikationstechnologie Unternehmensnetzwerke in der Automobilindustrie aufgebaut werden, die wesentlich dazu beitragen, die Wettbewerbsfähigkeit der beteiligten Unternehmen zu stärken.

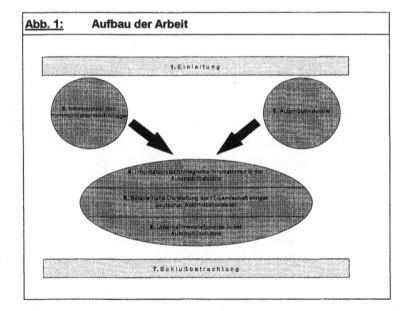

Abb. 1:   Aufbau der Arbeit

2 Informations- und Kommunikationstechnologie

2.1 Definition

Um die jeweiligen Bereiche Informations- und Kommunikationstechnologie voneinander abgrenzen zu können, werden beide nachfolgend kurz beschrieben.

2.1.1 Informationstechnologie

Die Informationstechnologie (IT) umfaßt Hardware und Software zur
Erfassung, Speicherung, Verarbeitung, Rückgewinnung und Darstellung von Informationen.[2]

Für die industrielle Produktion sind im Rahmen von IT vor allem die
sogenannten C-Technologien von Bedeutung, die unter dem Oberbegriff Computer Integrated Manufacturing (CIM) zusammengefaßt
werden. Unter CIM versteht man die „integrierte Informationsverarbeitung eines Industriebetriebes im Sinne des computergesteuerten Industriebetriebes"[3]. CIM umfaßt neben dem
betriebswirtschaftlich ausgerichteten System zur Produktionsplanung
und -steuerung (PPS) auch die mehr technisch ausgerichteten
Systeme Computer Aided Design (CAD), Computer Aided Engineering
(CAE), Computer Aided Manufacturing (CAM), Computer Aided Quality
Assurance (CAQ) und Computer Aided Planning (CAP). Der Einsatz
von CIM, bzw. der darunter zusammengefaßten Techniken, bietet
Industrieunternehmen zahlreiche Vorteile, wie z.B. kürzere Entwick-
lungszyklen, verbesserte Qualität, reduzierte Entwicklungskosten oder

---

[2] Vgl. Rohweder, 1996, *Informationstechnologie und Auftragsabwicklung*, S. 16.
[3] Scheer, 1990, *EDV-orientierte Betriebswirtschaftslehre*, S. 209.

geringere Investitionskosten. Die genannten C-Techniken sollen in den folgenden Abschnitten kurz beschrieben werden.

2.1.1.1 PPS

„Ein PPS-System ist ein Softwaresystem, welches zur operativen Planung und Steuerung des Produktionsgeschehens in einem Industriebetrieb eingesetzt wird."[4] Im Gegensatz zu den nachfolgend beschriebenen technisch orientierten C-Systemen decken PPS-Systeme primär den betriebswirtschaftlichen Bereich der Produktion ab. Die Schwerpunkte liegen bei diesen Systemen auf der organisatorischen Planung, Steuerung und Überwachung der Produktionsabläufe von der Angebotsabgabe bis zum Versand unter Mengen-, Kapazitäts- und Terminaspekten.

2.1.1.2 CAD

CAD leistet Unterstützung bei der Konstruktion und Erstellung von technischen Zeichnungen. Hierbei können aus Datenbanken Zeichnungen bereits vorhandener Teile abgerufen werden, sie können verändert oder mit anderen Zeichnungen zu einer neuen zusammengesetzt werden. Nach der geometrischen Darstellungsmöglichkeit unterscheidet man zwischen zweidimensionalen und dreidimensionalen CAD-Systemen.[5,6]

---

[4] Gabler Wirtschafts-Lexikon, Band 4, S. 948.
[5] Vgl. Scheer, 1990, *EDV-orientierte Betriebswirtschaftslehre*, S. 210.
[6] Die tabellarischen Darstellungen in Anlage 1 und 2 geben einen Überblick über den CAD-Einsatz bei den deutschen Automobilherstellern, sowie über die Anbieter von CAD-Software und ihre Produkte.

2.1.1.3 CAE

Über die grafischen Aspekte von CAD hinaus bietet CAE die Möglichkeit, Prototypen von Erzeugnissen per Computer zu entwickeln, die die Erstellung realer Prototypen bis zu einem bestimmten Umfang ersetzen. Mit Hilfe von Simulationsstudien können Aussagen über technische Merkmale des neuen Produktes gemacht werden, ohne daß dieses real existiert. Ein Beispiel hierfür sind etwa simulierte Crash-Tests bei neuentwickelten Automobilen.[7]

2.1.1.4 CAM

CAM umfaßt alle Methoden, Programme und technischen Mittel für die automatisierte Fertigung. Komponenten von CAM sind zentrale und dezentrale Steuersysteme, die programmierbare Industrieroboter, Meß- und Prüfstationen, Fertigungszellen, automatisierte Montage-, Fertigungs-, Lagerhaltungs-, Materialfluß- sowie Werkzeug- und Werkstückbereitstellungssysteme steuern.[8]

2.1.1.5 CAQ

Die intensive Weiterentwicklung von Konzepten der Qualitätssicherung und -kontrolle hat in der Vergangenheit zu einem Wandel in der Deutung des Begriffes CAQ geführt. Anfangs beschränkten sich CAQ-Systeme auf die DV-Unterstützung der Qualitätsprüfung durch Objektivierung der Erfassung von Qualitätsmerkmalen. Im Laufe der Zeit wurden weitere rechnergestützte Qualitätsinformationssysteme für einzelne Teilbereiche wie z.B. Wareneingang oder Endprüfung geschaffen. Heute beinhalten ganzheitliche, integrierte CAQ-Systeme auch die Unterstützung von Funktionen, die der Produktion vor- oder

---

[7] Vgl. Scheer, 1990, *EDV-orientierte Betriebswirtschaftslehre*, S. 212.
[8] Vgl. Kern, 1996, *Handwörterbuch der Produktionswirtschaft*, S. 270.

nachgelagert sind, sowie die Kommunikation mit anderen betrieblichen Informationssystemen.[9],[10]

2.1.1.6 CAP

Unter CAP versteht man die Computerunterstützung der Arbeits- oder Fertigungsplanung, welche die Aufgabe hat, unter Berücksichtigung der Wirtschaftlichkeit die Herstellung von Teilen, Baugruppen und Endprodukten zu planen. CAP-Systeme beschränken sich im wesentlichen auf die Verwaltung und Erstellung von Arbeitsplänen und enthalten hierzu z.B. Informationen über die vorhandenen Rohmaterialien, Maschinen, Werkzeuge und Vorrichtungen.[11]

2.1.2 Kommunikationstechnologie

Kommunikationstechnologie hat die Übermittlung von Informationen zum Inhalt. Da dieser Informationstransfer in der Regel zur Überwindung räumlicher Entfernungen eingesetzt wird, bezeichnet man diese Art der Kommunikation häufig auch als Telekommunikation.[12] Hierzu zählen Technologien wie E-Mail, Voice-Mail, Video- oder Computerkonferenzen, unternehmensinterne Bürokommunikationssysteme oder Netzwerksoftware.

Im weiteren Verlauf dieser Arbeit konzentriert sich die Verfasserin auf die Behandlung von Informationstechnologie wie sie im vorhergehenden Abschnitt beschrieben wurde. Es wird darauf verzichtet,

---

[9] Vgl. Kern, 1996, *Handwörterbuch der Produktionswirtschaft*, S. 279 280.
[10] In Anlage 3 werden die verschiedenen Anbieter von Qualitätssoftware tabellarisch aufgeführt.
[11] Vgl. Kern, 1996, *Handwörterbuch der Produktionswirtschaft*, S. 115 - 116.
[12] Vgl. Rupprecht-Däullary, 1994, *Zwischenbetriebliche Kooperation*, S.121.

näher auf Technologien wie z.B. E-Mail einzugehen, da diese hinlänglich bekannt sind. Aus diesem Grund wird für den Oberbegriff Informations- und Kommunikationstechnologie lediglich der Begriff IT verwendet.

2.2 Der IT-Markt

Der IT-Markt beinhaltet ein enormes Wachstumspotential. Das Marktforschungsunternehmen IDC geht davon aus, daß sich die Zahl der Nutzer von IT in den nächsten 10 Jahren mindestens um das zehnfache auf deutlich über eine Milliarde Menschen weltweit erhöhen wird. Der Markt für IT in Europa wird sich bis zum Jahr 2000 von 170 Mrd. auf 270 Mrd. US-Dollar erhöhen.[13]

Nach Angaben der Management- und Technologieberatung Diebold läßt sich der deutsche IT-Markt 1997 auf 82,8 Mrd. beziffern. Dies stellt eine Steigerung gegenüber dem Vorjahr um 6,3 % dar und setzt den Trend des kontinuierlichen Anstiegs der vorangegangenen Jahre fort.[14] In Anlage 4 wird ein detaillierter quantitativer Überblick über den IT-Markt in Deutschland gegeben.

Einerseits steigt die Nutzung von IT auch im privaten Bereich stark an, jedoch haben die Anwendungen in Industrie, Verwaltungen, Banken oder Versicherungen einen weitaus gewichtigeren Anteil am IT-Markt.

---

[13] Vgl. Gassert/Prechtl, 1997, *Neue Informationstechnologien*, S. 5 - 6.
[14] Vgl. http://www.diebold.de.

Abschließend kann gesagt werden, daß sowohl die Informations- als auch die Kommunikationstechnologien einem rasanten Weiterentwicklungs- und Veränderungsrhythmus unterliegen. In keiner anderen Branche veralten neuentwickelte Produkte so schnell wie im IT-Bereich. Die grafische Darstellung in Anlage 5 gibt einen Überblick über die Entwicklung der IT-Landschaft von den siebziger Jahren bis heute und zeigt, daß es ca. alle 5 Jahre wesentliche Veränderungssprünge in der Informationsverarbeitung gibt.

3 Die Automobilindustrie

3.1 Darstellung der Weltautomobilindustrie[15]

Die Automobilindustrie ist weltweit die wichtigste Industriebranche. Sie steht für eine Wertschöpfung von ca. 1,15 Billionen DM jährlich und ist Arbeitgeber für ca. 15 Mio. Beschäftigte, hiervon entfallen ca. 2 Mio. Arbeitsplätze auf die europäische und ca. 700.000 Stellen auf die deutsche Kraftfahrzeugindustrie.[16] Jeder in diesen Zahlen inbegriffene Arbeitsplatz in der Automobilherstellung schafft 10 weitere Arbeitsplätze, z.B. in der Zulieferindustrie.[17] Vor allem in den Ländern der Triade[18] ist die Bedeutung der Fahrzeugindustrie für die Volkswirtschaft als traditionell größter Exporteur der güterproduzierenden Industrie enorm.

3.1.1 Automobilproduktion

Während sich die Autohersteller in den zurückliegenden Jahren an moderate Wachstumsraten gewöhnen mußten, steht die Kfz-Industrie derzeit weltweit vor einer Wachstumsphase. Die Erholung der Konjunktur in den westlichen Industrieländern ermöglichte 1996 eine Aufwärtsentwicklung der Weltautomobilproduktion, sie stieg um knapp 3 % gegenüber dem Vorjahr auf 51 Mio. Kraftfahrzeuge (siehe Abbildung 2), davon 36,7 Mio. Pkw und 14,3 Mio. Nutzfahrzeuge.[19,20]

---

[15] Der Begriff Automobilindustrie umfaßt die Hersteller von Automobilen, deren Zulieferer sind hier nicht einbezogen.

[16] Vgl. Bacon, *Schwere Zeiten für die Zulieferindustrie*, in: Die Welt, 16.09.1996, S. 26.

[17] Vgl. EUCAR, 1996, *Ein europäischer Ansatz für innovative Fahrzeugentwicklung*, S. 3.

[18] Unter dieser Bezeichnung faßt man die größten automobilproduzierenden Regionen - Westeuropa, Nordamerika und Japan - zusammen.

[19] Vgl. VDA, *Auto 1997*, S. 13.

[20] Alle nachfolgenden Zahlenangaben beziehen sich auf die gesamte Automobilproduktion (Pkw + Nutzfahrzeuge), sofern keine besonderen Angaben gemacht werden.

Abb. 2:   **Entwicklung der Weltautomobilproduktion 1986 -1996**

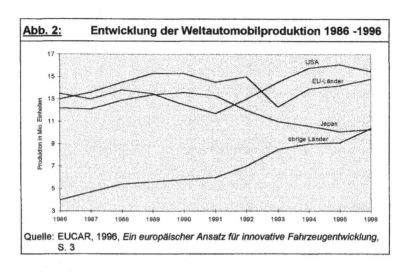

Quelle: EUCAR, 1996, *Ein europäischer Ansatz für innovative Fahrzeugentwicklung,*
S. 3

In Deutschland stieg die Automobilproduktion 1996 um ca. 4 % auf 4,84 Mio. Einheiten. In den neuen Bundesländern wurden 1996 über 261.000 Fahrzeuge hergestellt, das waren 5,4 % der gesamten Inlandsfertigung der deutschen Kraftfahrzeughersteller. Motor der Produktionssteigerung war 1996 die lebhafte Auslandsnachfrage, die sich dynamischer als die Nachfrage am heimischen Markt entwickelte. Der Export von deutschen Fahrzeugen stieg 1996 um fast 8 % auf 2,65 Mio. Autos an, was einen Anteil von 58 % an der Gesamt-produktion ausmacht. 73 % der deutschen Kfz-Exporte gingen in Länder der Europäischen Union, 10 % nach Nordamerika, 6 % nach Japan und 11 % in andere Länder.[21]

Auch in den anderen westeuropäischen Ländern war 1996 ein Produktionsanstieg um ca. 4 % gegenüber 1995 zu verzeichnen, der Trend weicht demnach nicht von der Entwicklung in Deutschland ab. Es wurden insgesamt 14,8 Mio. Fahrzeuge in den Ländern der Europäischen Union hergestellt.[22]

---

[21] Vgl. VDA, *Auto 1997*, S. 25 - 26.
[22] Vgl. CCFA, 1997, *L'industrie automobile 1996*, S. 6.

In den USA sank die Kfz-Produktion 1996 um 4 % auf 15,5 Mio. Kfz aufgrund der schwachen Inlandsnachfrage, streikbedingter Produktionsausfälle und hoher Lagerbestände. Den größten Einbruch mußten hierbei die amerikanischen Hersteller hinnehmen (- 6 %), während die ausländischen Produzenten in ihren US-Werken erneut die Fertigung steigern konnten.[23]

Die japanische Produktion von Kraftfahrzeugen stieg 1996 zum ersten Mal seit 1990 wieder an. Es wurden 10,3 Mio. Fahrzeuge produziert, was eine Steigerung von 1,5 % gegenüber dem Vorjahr darstellt.[24]

Besonders hervorzuheben ist der Produktionsanstieg der Automobilindustrien in Ländern außerhalb der Triade. So stieg die Kfz-Produktion in Mittel- und Osteuropa 1996 um 23,3 % auf 2,2 Mio. Stück an, die lateinamerikanischen Staaten konnten ihren Output um 11,2 % auf 1,9 Mio. Autos erhöhen,[25] allen voran Mexiko und Brasilien. Auch in Südostasien wurden in den letzten Jahren überdurchschnittliche Wachstumsraten erzielt. Hier weist vor allem Südkorea eine Automobilindustrie mit kräftigem Wachstum auf, in den letzten sechs Jahren weiteten die koreanischen Hersteller ihre Produktion um 130 % aus.[26] 1996 stieg die Produktion in Südkorea gegenüber dem Vorjahr um 11,2 % auf zuletzt 2,8 Mio. Fahrzeuge.[27]

Zusammenfassend bleibt zum Thema Weltautomobilproduktion festzuhalten, daß sich die Gewichte am Weltmarkt verschieben. 1996 wurde schon über ein Fünftel der Weltproduktion außerhalb der Triade gefertigt. Dies ist vor allem dem Produktionswachstum in Lateinamerika und Südkorea zuzuschreiben. Südkorea nahm 1996 bereits den 5. Platz in der Rangliste der automobilproduzierenden Länder nach den USA, Japan, Deutschland und Frankreich ein. Der seit Jahrzehnten bestehende deutliche Produktionsvorsprung der Triade hat also in den

[23] Vgl. VDA, *Auto 1997*, S. 13 -14.
[24] Vgl. CCFA, 1997, *L'industrie automobile 1996*, S. 6.
[25] Vgl. CCFA, 1997, *L'industrie automobile 1996*, S. 6.
[26] Vgl. VDA, *Auto 1997*, S. 19.
[27] Vgl. CCFA, 1997, *L'industrie automobile 1996*, S. 6.

letzten Jahren bereits abgenommen und dieser Trend wird sich mit großer Sicherheit in den kommenden Jahren noch deutlicher fortsetzen.[28]

3.1.2 Automobilhersteller

In Abbildung 3 wird ein Überblick über die Automobilhersteller, sowie die Zahl der von ihnen 1996 produzierten Fahrzeuge gegeben.

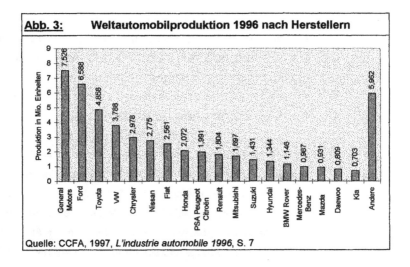

Abb. 3:   **Weltautomobilproduktion 1996 nach Herstellern**

Quelle: CCFA, 1997, *L'industrie automobile 1996*, S. 7

3.1.3 Internationale Entwicklung des Kfz-Absatzes

1996 ist die Zahl der Neuzulassungen weltweit um 5 % auf insgesamt knapp 52 Mio. Fahrzeuge gestiegen, hierin sind 36 Mio. Pkw und 16 Mio. Nutzfahrzeuge enthalten.[29] Dieser Trend einer wachsenden weltweiten Nachfrage nach Automobilen und vor allem nach Pkw wird sich nach Ansicht des Analyse-Instituts Marketing Systems GmbH,

---

[28] Vgl. VDA, *Auto 1997*, S. 25.
[29] Vgl. CCFA, 1997, *L'industrie automobile 1996*, S. 9.

Essen, in den kommenden Jahren noch verstärkt fortsetzen. Es wird davon ausgegangen, daß die Zahl der weltweiten Pkw-Neuzulassungen im Jahr 2000 erstmals die 40-Mio.-Grenze überschreiten wird, und daß im Jahr 2005 schon 45 Mio. Autos neu auf die Straßen kommen werden. Marketing Systems GmbH vertritt die Auffassung, daß die Pkw-Industrie weltweit unmittelbar vor einer rasanten Wachstumsphase steht. Die Pkw-Dichte - momentan liegt sie weltweit bei 92 Pkw je 1000 Einwohner - wird bis zum Jahr 2004 auf 97 steigen, der Welt-Pkw-Bestand wird dann ein Volumen von mehr als 580 Mio. Fahrzeugen erreicht haben. [30]

Die Keimzellen des erwarteten Wachstums liegen eindeutig in den Ländern Asiens, Lateinamerikas und Afrikas. Voraussetzung für diese Marktentwicklung ist ein steigender Wohlstand in den Schwellen- und Entwicklungsländern. Aufgrund der hohen Nachfrageelastizität werden in diesen aufstrebenden Regionen Fahrzeuge gekauft, sobald die Einkommensverhältnisse dies zulassen.

Auch in den Ländern der Triade sagt Marketing Systems GmbH eine moderate Erhöhung der Pkw-Dichte voraus, allerdings mit deutlich geringeren Wachstumsraten. Die Märkte Asiens, Lateinamerikas und Afrikas bieten also ein erheblich größeres Potential für die Zukunft als die traditionellen Absatzmärkte, was immer mehr Automobilhersteller veranlaßt, neue Produktionsstätten in diesen wachsenden Märkten zu errichten.

3.1.4 Überkapazitäten

Die im vorangegangenen Abschnitt beschriebene positive Entwicklung der derzeitigen und zukünftigen Nachfrage nach Kraftfahrzeugen läßt den Schluß zu, daß die globale Automobilindustrie vor einem kräftigen

---

[30] Vgl. o.V., *Prognose: Weltweiter Autoboom*, in: Handelsblatt 22.08.1996, S. 23.

Aufschwung steht. Allerdings gibt es ein Problem, mit dem sich so gut wie alle Automobilhersteller, vor allem die in den Ländern der Triade, konfrontiert sehen: weltweit wachsende Überkapazitäten, die eine ernstzunehmende Bedrohung für die Automobilproduzenten darstellen.

Weltweit belaufen sich die derzeit existierenden Überkapazitäten auf ca. 15 Mio. Einheiten. Rechnerisch könnte demnach auf die gesamte europäische Automobilindustrie, deren Ausstoß 1996 14,8 Mio. Fahrzeuge betrug, verzichtet werden. Dies bedeutet, daß theoretisch 80 der 630 heute existierenden Automobilproduktionsstätten geschlossen werden könnten.[31] In Abbildung 4 wird die Entwicklung der Überkapazitäten in der Automobilindustrie grafisch dargestellt.

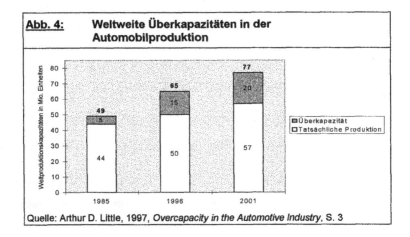

Abb. 4:   Weltweite Überkapazitäten in der Automobilproduktion

Quelle: Arthur D. Little, 1997, *Overcapacity in the Automotive Industry*, S. 3

Obwohl die existierenden Kapazitäten durchaus bekannt sind, die Nachfrage in den Triademärkten nur sehr langsam steigt und einzig in den Schwellen- und Entwicklungsländern eine Nachfragesteigerung verzeichnet werden kann, investieren die Automobilhersteller weiterhin massiv in zusätzliche Kapazitäten.[32] Die Diskrepanz zwischen Verfügbarkeit und Verkaufbarkeit wird demnach weiter anwachsen. Nach

---

[31]   Vgl. Rother, *U + M Autoproduktion*, in: Wirtschaftswoche, 19.06.1997, S. 51.
[32]   Vgl. EMB, 1997, *EMB-Position zur europäischen Automobilindustrie*, S. 7.

Berechnungen des amerikanischen Branchendienstes Autofacts dürfte die weltweite Fertigungskapazität von derzeit 65 Mio. Fahrzeugen (tatsächliche Produktion 1996: 51 Mio. Einheiten) bis zum Jahr 2001 auf 77 Mio. Einheiten ansteigen, ohne daß für die Nachfrage eine ähnlich starke Steigerung erwartet wird.[33]

Die Folge dieser Entwicklung wird sein, daß die Auslastung der Kapazitäten dramatisch sinken wird. Es wird davon ausgegangen, daß eine optimale Kapazitätsauslastung von Fertigungsanlagen bei ca. 90 % liegt, langfristig wird aber im weltweiten Automobilbereich mit einer durchschnittlichen tatsächlichen Auslastung von nur ca. 75 % gerechnet.[34] Es existieren jedoch heute schon zahlreiche Beispiele von Produktionsstätten, die noch nicht einmal diese Auslastungsquote erreichen. So ist z.B. das Fiat-Werk Rivalta nahe Turin aufgrund der mäßigen Nachfrage nach Modellen der Marke Lancia nur noch zu 42 % ausgelastet und die aktuelle Kapazitätsauslastung der zehn europäischen Ford-Werke liegt bei durchschnittlich 80 % und unterliegt einem weiteren Abwärtstrend.[35]

Um ihrer sinkenden Kapazitätsauslastung entgegenzuwirken, versuchen die Automobilhersteller, die Verkaufszahlen mit Preissenkungen zu erhöhen. Diese Preissenkungen werden zum Teil als Sonderfinanzierungen oder Sondermodelle mit zahlreichen Gratisextras „getarnt". So ist beispielsweise bei Opel mittlerweile jedes zweite verkaufte Auto ein Sondermodell, bei Ford liegt der Anteil der Sondermodelle bei 35 % der Neuwagenverkäufe.[36]

Abschließend bleibt somit festzuhalten, daß die weltweit existierenden und weiter ansteigenden Produktionsüberkapazitäten der Kfz-Hersteller als eine ernstzunehmende Bedrohung der Automobilindustrie anzusehen sind. Alle Fahrzeugproduzenten wissen um diese Über-

---

[33] Vgl. Rother, *U + M Autoproduktion*, in: Wirtschaftswoche, 19.06.1997, S. 51.
[34] Vgl. EMB, 1997, *EMB-Position zur europäischen Automobilindustrie*, S. 4.
[35] Vgl. Rother, *U + M Autoproduktion*, in: Wirtschaftswoche, 19.06.1997, S. 51 - 52.
[36] Vgl. Rother, *U + M Autoproduktion*, in: Wirtschaftswoche, 19.06.1997, S. 53.

kapazitäten, erhöhen aber dennoch weltweit die Zahl ihrer Produktionsstätten. Dies geschieht vor allem auch, um sich in den neuen, rasch
wachsenden Absatzmärkten Südamerikas und Asiens von Anfang an
durch lokale Präsenz einen Namen zu machen und somit Marktanteile
zu erkämpfen. Die Risiken einer niedrigen Auslastungsquote werden
dabei billigend in Kauf genommen, was sehr schnell problematisch
werden kann.

3.2 Entwicklungstrends im Bereich der Automobilindustrie

Wie schon erwähnt, ist die Automobilbranche ein Industriezweig, der
mit sich schnell ändernden Marktgegebenheiten konfrontiert ist. Noch
mehr als in vielen anderen Brachen sind die Hersteller gezwungen,
sich mit den aktuellen Entwicklungen am Markt auseinanderzusetzen,
um im heftigen internationalen Wettbewerb überleben zu können.
Nachfolgend sollen in Abschnitt 3.2.1 zuerst die Herausforderung
beschrieben werden, mit denen sich alle Automobilhersteller weltweit in
Bezug auf ihre allgemeine Unternehmenspolitik konfrontiert sehen.
Danach werden unter Gliederungspunkt 3.2.2 Trends aufgezeigt, die
weltweit im Hinblick auf die Entwicklung neuer Automobile bestehen.

3.2.1 Herausforderungen an die Automobilindustrie

Neben dem in 3.1.4 beschriebenen, empirisch belegbaren Problem
weltweiter Überkapazitäten unterliegt die Automobilindustrie noch einer
Reihe weiterer Veränderungen und Entwicklungen, die nachfolgend
dargestellt werden.

3.2.1.1 Globalisierung

Globalisierung ist in der heutigen Zeit wohl der am eindeutigsten zu erkennende Trend in sämtlichen Wirtschaftsbranchen. In allen Industriezweigen, aber auch im Dienstleistungssektor, sehen sich die Unternehmen mit zunehmender Konkurrenz aus dem Ausland konfrontiert. Ländergrenzen werden im Welthandel immer unwichtiger, Handelshemmnisse werden immer weiter abgebaut und die Weltmärkte werden nicht zuletzt durch technologische Entwicklungen wie das Internet für jedermann, in jedem Land der Welt zugänglich. Auch oder vor allem die Automobilindustrie ist von dieser Entwicklung wesentlich betroffen.

Kein Unternehmen kann es sich leisten, sich auf die weitgehend gesättigten Märkte der Triade zu beschränken, deren Anteil am Weltautomobilmarkt zurückgeht. Ein Automobilhersteller, der nicht global denkt und operiert, hat keine dauerhafte Überlebenschance im Wettbewerb mit global agierenden Herstellern.

Vorrangige Zielsetzung der Globalisierung ist die Erschließung neuer Märkte. Unter Erschließung ist nicht eine Steigerung der Exporte zu verstehen, sondern der Ausbau eigener Produktionsstätten auf den expandierenden Auslandsmärkten.

Für die deutschen Automobilhersteller heißt das, daß neue Produktionsstätten nicht mehr in Deutschland errichtet werden, sondern in den neuen Nachfragemärkten. Dabei stehen an erster Stelle die osteuropäischen Länder, aber auch Südamerika, Indien und China.[37] Bei der Errichtung neuer Produktionsstätten in Schwellen- und Entwicklungsländern geht es nicht allein um die Präsenz in neuen Wachstumsmärkten, sondern durchaus auch um Kostenaspekte, insbesondere um die in diesen Ländern geringeren Lohnkosten.

---

[37] Vgl. Schumann, *Die deutsche Automobilindustrie im Umbruch*, in: WSI Mitteilungen, April 1997, S. 224.

Bei VW werden schon heute knapp 2 Mio. Kraftfahrzeuge von einer 3,2 Mio. Einheiten umfassenden Gesamtproduktion im Ausland herge- stellt und dieser Anteil wird in den nächsten Jahren noch weiter ansteigen.[38] Von Mercedes-Benz wird als Perspektive eine Ausweitung der Auslandsfertigung von gegenwärtig 5 % auf 25 % im Jahr 2000 anvisiert.[39] Die anderen deutschen Automobilhersteller haben ähnliche Ambitionen und unter Globalisierung verstehen sie häufig nicht nur die Errichtung von Produktionsstätten im Ausland, sondern auch die Ansiedlung von Entwicklungs- und Designabteilungen an den neuen Standorten.

Um sich auf den Weltmärkten gegen global operierende Wettbewerber behaupten zu können, reicht es nicht aus, in den neuen Wachstums- märkten präsent zu sein. Vielmehr muß die gesamte Unternehmens- politik und -philosophie auf Globalisierung ausgerichtet werden, um auf allen Ebenen des Unternehmens international wettbewerbsfähig zu sein. Die Globalisierung kann also durchaus als die größte Heraus- forderung angesehen werden, mit der die Automobilindustrie konfrontiert ist.

3.2.1.2 Zunehmende Integration der Zulieferer

Einer der deutlichsten Trends in der weltweiten Automobilindustrie ist die zunehmende Verlagerung von Teilen des Wertschöpfungs- prozesses auf Zulieferunternehmen. Um sich im sich verschärfenden internationalen Wettbewerb behaupten zu können, konzentrieren sich die Automobilhersteller immer mehr auf ihre eigenen Kernkompetenzen und überlassen die Entwicklung und Montage kompletter Fahrzeug- module wie Türen oder Bremssysteme in zunehmendem Maße soge- nannten Systemlieferanten. Da dieses Themengebiet von zentraler

---

[38] Vgl. VDA, 1997, *Daten zur Automobilwirtschaft*, S. 5 und 28.
[39] Vgl. Schumann, *Die deutsche Automobilindustrie im Umbruch*, in: WSI Mitteilun- gen, April 1997, S. 225.

Bedeutung für die Automobilindustrie ist, wird hierauf gesondert in Kapitel 6 dieser Arbeit eingegangen.

3.2.1.3 Verringerung der Fertigungstiefe

Die im vorangegangenen Gliederungspunkt erwähnte zunehmende Integration der Zulieferer in den Produktionsprozeß führt dazu, daß die Fertigungstiefe, d.h. der Anteil der Eigenproduktion der Automobilhersteller, sich in den vergangenen Jahren immer mehr verringert hat. Dies geschieht aufgrund von niedrigeren Kosten (geringere administrative Overheadkosten und in der Regel auch ein niedrigeres Lohnniveau) und höherer Flexibilität der Lieferanten, wodurch ermöglicht wird, bestimmte Produkte kostengünstiger zu produzieren und schneller auf sich verändernde Marktgegebenheiten zu reagieren.

Die Abbildung 5 zeigt die Verringerung der Fertigungstiefe bei vier deutschen Automobilherstellern auf. Die Fertigungstiefe beträgt zur Zeit im Branchendurchschnitt in Deutschland ca. 40 % und wird sich langfristig auf 30 % verringern. In der japanischen Autoindustrie liegt dieser Wert bereits heute bei unter 30 %.[40] Der momentane Höhepunkt dieses Trends ist in der Produktion des Smart von Mercedes-Benz zu sehen. Im Montagewerk in Hambach, Frankreich wird der Smart mit einer Fertigungstiefe von nur 15 % produziert,[41] was derzeit einen weltweiten Rekord darstellt.

---

[40] Vgl. Schindele, 1996, *Entwicklungs- und Produktionsverbünde in der deutschen Automobil- und Zulieferindustrie*, S.2.

[41] Vgl. Schumann, *Die deutsche Automobilindustrie im Umbruch*, in: WSI Mitteilungen, April 1997, S. 225.

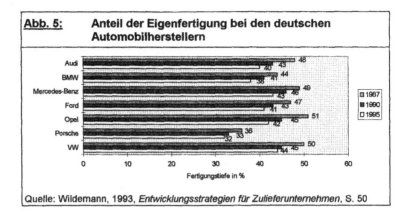

Abb. 5:   Anteil der Eigenfertigung bei den deutschen
           Automobilherstellern

Quelle: Wildemann, 1993, *Entwicklungsstrategien für Zulieferunternehmen*, S. 50

3.2.1.4 Lean Enterprise

Grundlage für das Prinzip der „Lean Enterprise" ist das von Womack, Jones und Roos geprägte Konzept der Lean Production[42], das Anfang der neunziger Jahre zentrale Anstöße für die Restrukturierung der Automobilproduktion weltweit gab.

Eine kurze Definition von Lean Production könnte lauten: „kunden-orientiertes Produzieren in der richtigen Menge und zum richtigen Zeitpunkt"[43], unter besonderer Berücksichtigung der Produktivität, der Qualität und der entstehenden Kosten. Es spielen noch zahlreich weitere bedeutende Faktoren in das Konzept der Lean Production mit hinein, wie z.B. das Just-in-Time-System der produktionssynchronen Anlieferung von Teilen an die Fertigung oder „Kaizen"-Prozesse, worunter Konzepte zur kontinuierlichen, schrittweisen Verbesserung von Prozessen durch Quality-Circles verstanden werden. Es soll jedoch in dieser Arbeit darauf verzichtet werden, detaillierter auf diese Themengebiete einzugehen.

---

[42] Zum Thema „Lean Production" siehe Womack/Jones/Roos, 1992, *Die zweite Revolution in der Autoindustrie.*
[43] Wildemann, 1993, *Entwicklungsstrategien für Zulieferunternehmen*, S. 27.

Das Konzept der Lean Production ging von japanischen Automobilherstellern aus, denen es gelungen war, eine deutlich höhere Produktivität in ihren Fertigungsanlagen zu erzielen, als die von einer heftigen Krise erfaßten amerikanischen und europäischen Fahrzeugproduzenten. Europäische und amerikanische Hersteller begannen vor allem nach der von Womack, Jones und Roos veröffentlichten Studie des Massachusetts Institute of Technology, sich für das Konzept der Lean Production zu interessieren. Sie begannen, es an ihren eigenen Produktionsstätten einzuführen, um den Produktivitätsvorsprung der japanischen Wettbewerber, der in dieser Studie drastisch verdeutlicht wurde, wieder aufzuholen.

Um eine Verbesserung von Produktivität und Qualität, flexibleres Reagieren auf Kundenwünsche und eine Senkung der Kosten zu erreichen, genügt es allerdings nicht, sich einzig auf den Produktionsprozeß zu konzentrieren. Alle Bereiche des Unternehmens entlang der Wertschöpfungskette, wie z.B. Beschaffung, Forschung und Entwicklung oder Absatz müssen in die kontinuierlichen Verbesserungsprozesse einbezogen werden. Aus diesem Grund scheint das Konzept der Lean Enterprise besser als das Prinzip der Lean Production geeignet zu sein, um das Ziel einer erhöhten Wettbewerbsfähigkeit und einer besseren Position auf den globalen Märkten zu erreichen. „Schlanke Unternehmen (...) richten ihr Augenmerk explizit auf Perfektion: kontinuierlich sinkende Preise, Null Fehler, keine Lagerbestände und beliebige Produktvielfalt."[44] Die Prozesse, die eingeleitet werden, um ein schlankes Unternehmen zu schaffen, werden in Literatur und Praxis häufig auch mit dem Begriff Business Reengineering umschrieben.

Ständig „schlanker" zu werden scheint eine der größten Herausforderungen für die Automobilhersteller und eine unumgängliche Voraussetzung für die internationale Wettbewerbsfähigkeit und damit das Überleben heute und in Zukunft zu sein.

---

[44] Womack/Jones/Roos, 1992, *Die zweite Revolution in der Autoindustrie*, S. 20.

3.2.1.5 Konzentrationsprozeß

Der Automobilmarkt ist durch eine starke Oligopolisierung gekennzeichnet. Der Wettbewerbs- und Innovationsdruck in der Automobilindustrie hat in der Vergangenheit zu vielfältigen Formen der Zusammenarbeit zwischen den Automobilherstellern und zu einem bemer-
kenswerten Konzentrationsprozeß geführt. Die Zahl der Automobilhersteller hat sich von ca. 50 Unternehmen in den sechziger Jahren auf
19 Unternehmen Anfang der neunziger Jahre verringert und dieser
Konzentrationsprozeß setzt sich weiter fort.[45] Jüngstes Beispiel hierfür
ist die geplante Übernahme von Rolls-Royce durch BMW. In der
heutigen Zeit sind nur noch einige große Konzerne in der Lage, auf
dem hart umkämpften Automobilmarkt wettbewerbsfähig zu bleiben.
Selbst große Unternehmen mit langjähriger Erfahrung in der Automobilherstellung wie Renault oder Volvo werden in der letzten Zeit immer
wieder als Kandidat für eine mögliche Übernahme gehandelt.[46] Im
Laufe der nächsten Jahre werden sicherlich noch einige Kfz-Hersteller
von dem drastischen Konzentrationsprozeß gefährdet sein.

3.2.2 Herausforderungen an die Produktentwicklung

Veränderte verkehrs- und umweltpolitische Rahmenbedingungen und
steigende Kundenanforderungen sorgen in der heutigen Zeit für einen
erheblichen Wandel im Automobilmarkt. Neue technologische
Möglichkeiten, insbesondere der Einsatz von IT, werden die Gestaltung
und Nutzung des Automobils nachhaltig verändern. Wir werden
zukünftig nicht nur andere Autos fahren, sondern auch anders Auto
fahren. Nach einer Umfrage der Europäischen Kommission unter
Topmanagern europäischer Automobilhersteller ist die Produktentwicklung eine der größten Herausforderungen, mit der sich die

---

[45] Vgl. Wildemann, 1993, *Entwicklungsstrategien für Zulieferunternehmen*, S. 21-22.
[46] Vgl. Rother, *U + M Autoproduktion*, in: Wirtschaftswoche, 19.06.1997, S. 54.

Fahrzeugindustrie heute konfrontiert sieht.[47] Die großen Trends in der Modellentwicklung werden in den folgenden Abschnitten kurz erläutert.

3.2.2.1 Individualisierung

Eine wachsende Zahl von Autofahrern wendet sich von der Limousine traditioneller Bauart ab und sucht das spezialisierte, auf seine individuellen Bedürfnisse zugeschnittene Fahrzeug. Die Folge ist eine wachsende Marktbedeutung von Nischenprodukten. Einige Nischen- segmente haben in den letzten zehn Jahren überdurchschnittliche Zuwachsraten aufweisen können. Dies gilt für Kombi-Fahrzeuge, Cabrios, Roadster, Großraumlimousinen und Off-Road-Fahrzeuge.[48]

Als Folge der Individualisierung der Kundenwünsche wird die Produkt- differenzierung in der Modellpolitik der Automobilhersteller weiter zunehmen. Nie zuvor hat es eine ähnliche hohe Zahl von Einführungen neuer Fahrzeugmodelle gegeben wie heute. So will z.B. Opel 26 neue Modelle in den nächsten viereinhalb Jahren auf den Markt bringen, was die größte Produktoffensive der Firmengeschichte darstellt. Andere Hersteller planen Ähnliches, drei bis vier Modellanläufe pro Jahr und Hersteller sollen in wenigen Jahren die Regel sein. Branchen- beobachter sagen voraus, daß in naher Zukunft mit ca. 100 neuen Modellen jährlich auf dem Automobilmarkt zu rechnen ist.[49]

Durch den Einsatz von IT und der daraus resultierenden Technik einer computergesteuerten flexiblen Automation wird es dem Kunden in Zukunft möglich sein, aus Tausenden von Ausstattungsvarianten aus- zuwählen, um sich so sein individuelles Auto zusammenzustellen, das innerhalb kürzester Zeit vom Hersteller geliefert wird. Dieses Konzept

---

[47] Vgl. Belzer/Dankbaar, 1994, *The Future of the European Automotive Industry*, S. 93.

[48] Vgl. Diez, *Individuelle Kundenwünsche und hohe Umweltanforderungen*, in: Blick durch die Wirtschaft, 24.10.1996, S. 17.

[49] Vgl. o.V., *Eine Branche will die Überholspur halten*, in: Automobil Industrie, November 1997, S. 18.

der sogenannten Mass Customization verlangt den Automobilherstellern ein hohes Maß an Flexibilität ab und macht die Vergabe der
Entwicklung und Produktion ganzer Fahrzeugteile an Systemlieferanten unumgänglich.[50]

3.2.2.2 Reduzierung der Entwicklungszeiten

Der globale Verdrängungswettbewerb in der Automobilbranche und die
immer stärker ausgeprägte Segmentierung des Fahrzeugmarktes durch
zunehmende Individualisierung der Kundenwünsche zwingt die
Hersteller, die Entwicklung neuer Modelle stark zu beschleunigen. Kein
Unternehmen kann sich diesem Trend widersetzen. So wurde
beispielsweise die Entwicklungszeit für den VW Golf von ca. 50
Monaten Anfang der siebziger Jahre auf derzeit 31 Monate reduziert.
Auch bei BMW sollen künftig vom Designentwurf bis zum Serienanlauf
weniger als drei Jahre vergehen. Ford plant für das Jahr 2000 eine
Entwicklungszeit für seine neuen Modelle von zwei Jahren und Toyota
will in den nächsten Jahren sogar nur noch 18 Monate für den Design-
und Entwicklungsprozeß benötigen.[51] Einen detaillierten Vergleich der
Entwicklungszeiten verschiedener Hersteller zeigt Abbildung 6. Die
künftige Maxime der Automobilentwicklung muß demnach lauten, neue
Produkte in hoher Qualität zu attraktiven Preisen auf den Markt zu
bringen und das vor allem schneller und besser als der Wettbewerb.

---

[50] Zum Konzept des Systemlieferanten siehe Abschnitt 6.1 dieser Arbeit.
[51] Vgl. o.V., *Eine Branche will die Überholspur halten,* in: Automobil Industrie, November 1997, S. 18.

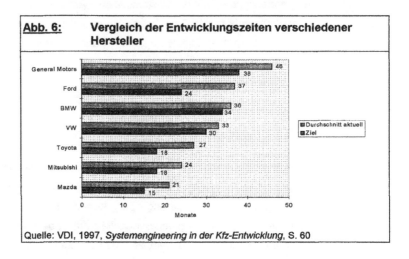

Abb. 6: Vergleich der Entwicklungszeiten verschiedener Hersteller

Quelle: VDI, 1997, *Systemengineering in der Kfz-Entwicklung*, S. 60

Daß dieser Trend zur immer schnelleren Produktveröffentlichung auch Gefahren birgt, zeigt das jüngste Debakel der kippenden A-Klasse von Mercedes-Benz. Auch wenn die Methoden des „Elch-Testes" umstritten bleiben, wird deutlich, daß während der unter Zeitdruck stehenden Entwicklung Fehler unterlaufen sind, die bei einer längeren Entwicklungszeit und umfangreicheren Tests hätten vermieden werden können. Man muß sich also fragen, was ein Hersteller gewonnen hat, der Entwicklungszeit und -kosten eines Fahrzeugmodells beträchtlich senken konnte, am Ende aber immense Summen für Nachbesserungen ausgeben muß und das neue Modell erst mit mehreren Monaten Verzögerung auf den Markt bringen kann.

Eine Methode, die immer häufiger zur Erreichung von verkürzten Entwicklungszeiten angewandt wird, ist das sogenannte Simultaneous Engineering. Man versteht hierunter die zeitlich parallele Zusammen-arbeit aller bei der Produktentwicklung und der Planung des Produk-tionsprozesses beteiligten Teams. Hierzu können z.B. Technische Ent-wicklung, Beschaffung, Produktionsplanung, Marketing, Qualitäts-sicherung und Finanzabteilung gehören. In immer größerem Umfang werden bei Simultaneous Engineering auch Zulieferer mit einbezogen,

die bei der Entwicklung von Fahrzeugteilen oder ganzen Systemen mitwirken. Durch den simultanen Entwicklungsprozeß wird eine größt-
mögliche Abstimmung der an der Prozeßkette Beteiligten erreicht und
somit teure nachträgliche Änderungen neuer Entwicklungen vermieden.
Die Anforderungen aller Beteiligten hinsichtlich Qualität, Technik,
Termin und Kosten werden frühzeitig in den zu erarbeitenden Kompro-
miß eingebracht, um in möglichst kurzer Zeit ein Produkt höchster
Qualität herzustellen.[52]

3.2.2.3 Umweltorientierung

In Konsequenz der mit der massenhaften Nutzung des Automobils
verbundenen Umweltbelastung, auf die unsere Gesellschaft mit
zunehmender Sensibilität reagiert, tritt die Umweltorientierung sowohl
in der Konstruktion als auch in der Vermarktung von Fahrzeugen immer
mehr in den Vordergrund. Die Autos werden sicherer, leiser, sauberer
und sparsamer.[53]

Besonders die Reduzierung des Schadstoffausstoßes ist eine große
Herausforderung an die Kfz-Entwickler. Trotz großer Fortschritte in den
vergangenen Jahren ist die Forschung noch weit von dem
vieldiskutierten Null-Emissionsfahrzeug entfernt. Neben weiterer
Verbesserungen von Otto- und Dieselmotoren konzentrieren sich
Forschungs- und Entwicklungsaktivitäten auf die Realisierung
serientauglicher Antriebskonzepte. Schwerpunkte sind dabei der
Elektroantrieb und der Antrieb durch Erdgas oder Wasserstoff. Der
Anteil von Fahrzeugen mit alternativen Antrieben wird langfristig auf
etwa fünf Prozent geschätzt.[54]

---

[52] Vgl. VW AG, 1996, *VW-Konzern und seine Systemlieferanten*, S.23.
[53] Vgl. Peren / Hergeth, 1996, *Customizing in der Weltautomobilindustrie*, S. 20.
[54] Vgl. Diez, *Individuelle Kundenwünsche und hohe Umweltanforderungen*, in: Blick
durch die Wirtschaft, 24.10.1996, S. 17.

3.2.2.4 Automobile Informationstechnik[55]

Die Neuentwicklungen in der automobilen Informationstechnik entwickeln sich zur Marktreife und es wird in Zukunft durch den Einsatz von Telematik-Systemen möglich sein, während einer Autofahrt mit anderen Automobilen, mit anderen Verkehrsteilnehmern und mit der Verkehrsinfrastruktur zu kommunizieren. Auf das Themengebiet Telematik wird detailliert in Abschnitt 4.3.1 dieser Arbeit eingegangen.

---

[55] Unter dem Begriff automobile Informationstechnik wird im Fahrzeug integrierte IT verstanden.

4   Informationstechnologische Innovationen in der Automobilindustrie

In diesem Kapitel wird ein Überblick über verschiedene neuartige IT-Entwicklungen im Bereich der Automobilindustrie gegeben. Es handelt sich hierbei ebenso um Anwendungen, die schon in der Praxis zu finden sind, wie auch um Konzepte, die noch nicht marktreif sind, aber mit hoher Sicherheit in naher Zukunft eine wichtige Rolle in der Automobilindustrie spielen werden.

4.1 Internet

Die Bedeutung des Internet nimmt weltweit in fast allen Bereichen der Wirtschaft und des täglichen Lebens mit rasanter Geschwindigkeit zu. Auch für die Automobilindustrie birgt das Internet interessante Entwicklungspotentiale, wie z.B. den Direktvertrieb von Fahrzeugen per Internet oder Kommunikation und Datenaustausch innerhalb eines Konzernverbundes bzw. mit Zulieferern oder anderen Geschäftspartnern via Intranet und Extranet. Diese neuen Entwicklungen werden im folgenden vorgestellt.

4.1.1 Automobilhandel per Internet

Im Zeitalter zunehmender Globalisierung der Wirtschaft und steigender Individualisierung von Kundenwünschen scheint der Vertrieb von Fahrzeugen über das Internet ein wichtiger Geschäftszweig zu werden. Angebote, die über das Internet veröffentlicht werden, sind automatisch weltweit zugängliche Angebote. Es handelt sich hierbei um eine wahrhaft globale Vertriebsorganisation. Darüber hinaus stellt die Möglichkeit, per Internet ein Produkt mit Optionen aus einem Online-

Katalog nach dem persönlichen Geschmack des Käufers zusammenzustellen, einen großen Schritt in Richtung Mass Customization dar.

Es gibt heute keinen Automobilhersteller mehr, der keine Homepage im
Internet besitzt. Neben vielfältigen Informationen über das Unternehmen und seine Produkte bieten fast alle Hersteller einen „virtuellen
Autosalon", in dem der Kunde sich sein Wunschauto aus allen verfüg-
baren Fahrzeugkomponenten - vom Motor bis zum Sitzbezug - zusammenstellen und das Endergebnis auf dem Bildschirm begutachten
kann. Dabei ist der Kunde völlig unabhängig von Öffnungszeiten
konventioneller Autohändler und kann in aller Ruhe zu Hause über die
Ausstattung seines zukünftigen Autos nachdenken. Dieses Angebot
findet immer mehr Anklang bei den Kunden; der Vorstandsvorsitzende
von Chrysler, Bob Eaton, schätzt, daß in den USA heute schon jeder
vierte Autokäufer das Internet zur Auswahl seines Neuwagens benutzt,
und daß es bis zum Jahr 2000 schon jeder zweite sein wird.[56] In
Deutschland sind diese Zahlen aufgrund der heute noch geringeren
Verbreitung von Internet bisher niedriger, werden sich aber in den
nächsten Jahren ohne Zweifel den amerikanischen Werten annähern.

Auch wenn das Interesse, Autos über das Internet zu kaufen, rege ist,
besteht zur Zeit noch nicht die Möglichkeit, das am Bildschirm zusam-
mengestellte Fahrzeug auch wirklich online zu bestellen und zu
bezahlen. Der Kunde muß auch weiterhin zu seinem lokalen Autohändler gehen und sein Wunschauto dort auf konventionelle Weise
bestellen.

Es wäre heute keinesfalls unmöglich, eine Bestellung online an den
Hersteller abzuschicken und auch die Zahlung per Internet anzu-
weisen, Beispiele gibt es für solchen „Electronic Commerce" aus anderen Branchen mehr als genug. Die Entscheidung, Fahrzeuge nicht
direkt über das Internet zu verkaufen, ist eher eine politische. Die Automobilhersteller wollen ihre jahrzehntelang gewachsenen Händlernetze

---

[56] Vgl. o.V., *Car dealers under siege*, in: The Economist, 17.02.1998, S. 18.

nicht von heute auf morgen aufgeben, und genau das wäre die Konsequenz des Direktvertriebes per Internet, die Zwischenhändler würden überflüssig werden. Den Vertragshändlern bliebe nur noch das Geschäft der Instandhaltung, was nicht zum Überleben großer Autohäuser ausreichen würde. Vor allem im Bereich der Mittel- und Oberklasse wollen Automobilhersteller derzeit noch nicht auf ihr Händlernetz verzichten, um eine erstklassige Vor-Ort-Betreuung der anspruchsvollen Kundschaft sicherzustellen.[57]

Gegen den Online-Vertrieb von Neufahrzeugen spricht auch, daß er zu einer unerwünschten Preistransparenz führen würde. Bedingt durch Währungsparitäten, abweichende Ausstattungen, Steuern, Zölle und Besonderheiten der Nachfrage müssen Kunden in unterschiedlichen Ländern für dasselbe Modell jeweils einen anderen Preis bezahlen. Wenn die Preise per Internet veröffentlicht würden, könnte jeder Interessent problemlos in Erfahrung bringen, daß sein Wunschauto in anderen Ländern unter Umständen wesentlich billiger ist, was unter Marketinggesichtspunkten nicht gerade wünschenswert ist. Falls die zunehmende Globalisierung der Märkte die Preisunterschiede allerdings einebnen wird, könnte der Vertrieb per Internet durchaus ein Thema in der Automobilindustrie werden, wenn auch erst in relativ ferner Zukunft.

Daß der „Electronic Commerce" dennoch interessante Perspektiven auch für Automobilhersteller bieten kann, zeigte ein Internet-Praxistest von Mercedes-Benz Ende 1996. Sechs Monate lang wurde auf der Mercedes-Benz-Homepage in einem „elektronischen Kaufhaus" eine kleine Kollektion von Accessoires zum Verkauf angeboten, mit Preisauszeichnungen und der Möglichkeit, online zu bestellen. Die Auswertung des der Internetseite beigefügten Fragebogens ergab, daß ca. 60 % der Online-Besucher keine Mercedes-Fahrer waren, und daß der Altersdurchschnitt deutlich niedriger war als bei den traditionellen

---

[57] Vgl. Quack, *Mercedes-Vertrieb wagt erste Online-Schritte*, in: Computerwoche, 17.01.1997, S.73.

Mercedes-Kunden. Es lassen sich also per Internet völlig andere Zielgruppen erreichen als mit konventionellen Werbemaßnahmen. Unter dem Strich ist der Aufwand für diese Testaktion durch die Einnahmen aus den Verkäufen der Accessoires mehr als aufgewogen worden und es wurden sogar Käufer für das 2000 DM teure Mercedes-Benz-Fahrrad gefunden, das sich in den traditionellen Autohäusern so gut wie gar nicht verkaufen läßt. Angeregt von den positiven Ergebnissen dieses Tests arbeitet Mercedes-Benz jetzt an einem erweiterten Angebot von Verkaufsartikeln, die in naher Zukunft über die Homepage des Unternehmens zu beziehen sein werden.[58]

Wie das geschilderte Beispiel zeigt, birgt das Internet ein enormes Potential für den Automobilvertrieb. Auch wenn zur Zeit aus den genannten Gründen noch keine Fahrzeuge online verkauft werden, wird der Direktvertrieb per Internet sicherlich in Zukunft ein zentrales Thema in der Automobilindustrie werden.

4.1.2 Intranet / Extranet

Intranet und Extranet sind Netzwerke, die auf Internet-Technologie beruhen und über dieses zugänglich sind. Im Gegensatz zu Internet, das von jedermann genutzt werden kann, ist ein Intranet ein Netzwerk, auf dem Informationen und Daten innerhalb eines Unternehmens ausgetauscht werden, sozusagen ein „firmeninternes Internet". Es kann jede Art von Informationen über das Intranet ausgetauscht werden, von Firmenbulletins bis hin zu hochkomplexen CAD-Zeichnungen. Nur befugte Benutzer haben Zugang mit einem Paßwort. Vor unbefugtem Zugriff ist das Intranet durch einen besonderen Schutzmechanismus, eine sogenannte Firewall, geschützt.

---

[58] Vgl. Quack, *Mercedes-Vertrieb wagt erste Online-Schritte*, in: Computerwoche, 17.01.1997, S.73.

Extranet bezeichnet eine spezielle Erweiterung des Intranets, nämlich die Öffnung des kompletten Intranet eines Unternehmens oder von Teilen davon für bestimmte Benutzer wie z.B. Händler oder Zulieferer. Extranets sind somit besonders zum Datenaustausch zwischen verschiedenen, in einem Projekt kooperierenden Unternehmen geeignet, wie z.B. Automobilhersteller und Zulieferer, die gemeinsam eine Fahrzeugkomponente entwickeln. Die Zugangsbeschränkungen können hier so eingerichtet werden, daß die jeweiligen Benutzer nur auf für sie relevante Daten Zugriff haben, also nicht beliebig Informationen über ein an dem Extranet beteiligtes Unternehmen einsehen können. Wird in der Praxis von Extranet-Anwendungen gesprochen, wird häufig die überbegriffliche Bezeichnung Intranet verwandt, daher soll auch im weiteren Verlauf dieser Arbeit auf eine Unterscheidung zwischen diesen beiden Varianten verzichtet und nur der Begriff Intranet benutzt werden.

Intranet-Anwendungen haben in der Automobilindustrie schon heute einen hohen Stellenwert und gewinnen immer noch weiter an Bedeutung. So stieg z.B. die Anzahl der Zugriffe auf das Ford-Intranet von ca. 3 Mio. im Monat Januar 1996 auf 90 Mio. Zugriffe im Laufe des Monats Januar 1998.[59] Hieran läßt sich erkennen, daß dieses neue Medium große Anerkennung findet und von Ford-Mitarbeitern sowie anderen Mitwirkenden der Wertschöpfungskette immer stärker genutzt wird.

Ein konkretes Beispiel für den Intranet-Einsatz bei Automobilherstellern ist die Einbindung von Vertragshändlern in das Netzwerk. Hierdurch wird u.a. eine Online-Bestellung von Ersatzteilen ermöglicht, bei der der Händler sich z.B. Zeichnungen der Teile ansehen kann, deren Verfügbarkeit sofort sieht, jederzeit den Status seiner Bestellung abfragen kann und genau weiß, wann die bestellten Teile bei ihm eintreffen werden. Darüber hinaus werden gedruckte Reparatur- und

---

[59] Vgl. Ford-Werke AG, 1998: *Der Einsatz von Informationstechnologie und der Nutzen für Ford*, S. 21.

Einbauanleitungen überflüssig, da der Händler jederzeit die aktuellsten Anleitungen und Empfehlungen im Intranet einsehen kann.

Das wichtigste Einsatzgebiet von Intranet-Lösungen in der Automobilindustrie ist jedoch der Austausch von Daten zwischen Herstellern und Zulieferern. Da immer mehr Fahrzeugkomponenten als Komplettsysteme von den Zulieferern geliefert werden[60], sind letztere maßgeblich an der Entwicklung neuer Automobile beteiligt. Ein ständiger Austausch von Informationen zwischen Fahrzeughersteller und Systemlieferant während des Entwicklungsprozesses ist unumgänglich und von erheblicher Bedeutung für eine erfolgreiche Neuentwicklung innerhalb enger Zeitgrenzen. Hierbei werden hauptsächlich hochkomplexe CAD-Darstellungen ausgetauscht, die in der Vergangenheit zeitraubend ausgedruckt und per Post versandt werden mußten. Mit dem Austausch von Zeichnungen und anderer projektrelevanter Daten per Intranet erreichen die Informationen in Sekundenschnelle den Empfänger und so können erhebliche Kosten und vor allem Zeit eingespart werden.

Wenn sich Projektpartner auf verschiedenen Kontinenten befinden, ermöglichen es Intranet-Lösungen sogar, daß an einem Produkt quasi rund um die Uhr gearbeitet wird,. So können beispielsweise Mitglieder eines Projektteams in Japan am Ende ihres Arbeitstages ihre Arbeitsergebnisse in das Intranet einstellen und amerikanische Kollegen können zu Beginn ihres Arbeitstages direkt an der Stelle weiterarbeiten, an der in Japan aufgehört wurde.

Die bislang bedeutendste Intranet-Entwicklung stellt das amerikanische „Automotive Network Exchange" (ANX) dar. Das ANX wurde im Juli 1997 von der Automotive Industry Action Group, dem amerikanischen Pendant des VDA, ins Leben gerufen. Ziel ist es, sämtliche amerikanischen Automobilhersteller und ihre Zulieferer miteinander in einem

---

[60] Detaillierte Ausführungen zu diesem Themengebiet siehe Abschnitt 6.1 dieser Arbeit.

internetbasierten Netzwerk zu verbinden. Es soll damit ein einziges, einheitliches Kommunikations- und Datenaustauschinstrument für die gesamte Automobilindustrie geschaffen werden. Hiermit wird u.a. verhindert, daß Zulieferer, die mit mehreren Herstellern kooperieren, über mehrere verschiedene Systeme verfügen müssen, um sich den unterschiedlichen Standards der einzelnen Hersteller anzupassen.

Während der noch bis Ende April 1998 andauernden Pilotphase sind die „Big Three" General Motors, Ford und Chrysler sowie sechs amerikanische Zulieferunternehmen an ANX angeschlossen. Nach Abschluß der Pilotphase soll das Netzwerk nach und nach ausgeweitet werden und man hofft, bis 1999 auch nicht-amerikanische Hersteller und Zulieferer integriert zu haben. Man verspricht sich von der Einführung von ANX industrieweite Einsparungen in Milliardenhöhe im Bereich der IT-Ausstattung, da, wie bereits erwähnt, darauf verzichtet werden kann, mit mehreren unterschiedlichen IT-Systemen zu arbeiten, um sich dem jeweiligen Standard verschiedener Kooperationspartner anzupassen. [61]

In Europa besteht zur Zeit noch kein vergleichbares hersteller-übergreifendes Intranet, es wird jedoch in verschiedenen EU-Forschungsprojekten daran gearbeitet, Kooperationen von Automobilherstellern und ihren Zulieferern zu vereinfachen. Zu nennen sind hier die Programme „Team based European Automotive Manufacture" (TEAM)[62] und „Collaborative Automotive Network" (CANET)[63]. Es ist allerdings damit zu rechnen, daß langfristig die gesamte weltweite Automobilindustrie in ANX eingebunden sein wird.

---

[61] Vgl. http://www.aiag.org.
[62] Vgl. http://www.lii.unitn.it/TEAM.
[63] Vgl. http://www.expertel.fr/CANET.

4.2 Computersimulationstechniken im Engineering-Bereich

Wie bereits erwähnt, stellen die zunehmende Modellvielfalt und die drastische Verkürzung der Entwicklungszeiten für neue Fahrzeuge momentan bedeutende Rahmenbedingungen auf dem Automobilmarkt dar. Langfristig werden daher nur die Hersteller am Markt bestehen können, die neben der Produktinnovation auch die Innovation der Produktentstehungsprozesse beherrschen. Hier liegt die Herausforderung u.a. in der Anwendung neuer computergestützter Methoden und Tools wie z.B. Virtual Reality und Digital Mock-Up, die es ermöglichen, verkürzte, fehlerlose Prozesse bei gleichzeitig höherer Vielfalt der Produkte umsetzen zu können. Diese beiden genannten Verfahren werden in den folgenden Abschnitten behandelt.

4.2.1 Digital Mock-Up

Ein Digital Mock-Up[64] (DMU) ist „die wirklichkeitsgetreue Beschreibung eines Produktes im Rechner. Es besteht aus Dokumenten, Attributen und Strukturen. Ein DMU stellt eine explizit auf ein bestimmtes Endprodukt bezogene, abgegrenzte Datenmenge dar."[65] Man muß sich also ein DMU als dreidimensionale Abbildung eines Bauteiles vorstellen, welche aus Daten erstellt wird, die von einem CAD-Programm zur Verfügung gestellt werden. Millionen von Daten ergeben hierbei ein detailliertes, fotorealistisches Bild. In einem weiteren Schritt können dann die so dargestellten Bauteile digital am Bildschirm zusammengefügt werden, als wären es reale Teile. Dabei lassen sich die Komponenten z.B. auf ihr räumliches Zusammenspiel hin untersuchen und Kollisionen oder andere Fehler vermeiden, ohne die neu entwickelten Bauteile überhaupt in der Realität hergestellt zu haben.

---

[64] Der Begriff Mock-Up kann mit Aussehensmuster oder Lehrmodell übersetzt werden.
[65] VDI, 1997, *Systemengineering in der Kfz-Entwicklung*, S. 16.

Es liegt auf der Hand, daß durch ein solches Konzept ein sehr großes Einsparungspotential bei den Entwicklungskosten entsteht, da sowohl Zeit- als auch Materialeinsatz durch die Simulation reduziert werden.

Der durch DMU ermöglichte virtuelle Zusammenbau von Komponenten, Baugruppen und ganzen Strukturen auf dem Computer ist heute aus dem Fahrzeugbau nicht mehr wegzudenken. Alle führenden Automobilhersteller setzen diese Technik ein und verkürzen ihre Entwicklungszeiten dadurch erheblich. So wurde bei BMW beispielsweise der Zeitaufwand in der Prozeßkette „Entwicklung bis Zusammenbau" durch den Einsatz von DMU um 30 % verringert.[66]

4.2.2 Virtual Reality

„Unter Virtual Reality versteht man eine vom Computer erzeugte künstliche Welt - oft auch „Cyberspace" genannt -, in der sich ein Beobachter aufhalten und mit der er interagieren kann."[67] Virtual Reality kann als eine Weiterführung des DMU angesehen werden. Die durch DMU-Techniken dargestellten Bauteile oder Produkte werden hierbei in eine virtuelle Umgebung projiziert, die man mit Hilfe spezieller Brillen, sogenannter „Head Mounted Displays", „betreten" kann. Man kann dadurch sowohl Produktionsabläufe als auch komplette Fahrzeugmodelle per Virtual Reality darstellen, die von einem Betrachter als dreidimensionale Illusion wahrgenommen werden. Innerhalb dieser virtuellen Welt kann sich der Betrachter bewegen und sogar mit einem sogenannten Datenhandschuh die virtuell erzeugten Objekte anfassen und bewegen. Für den Laien mutet dies alles sehr futuristisch an, Simulationen per Virtual Reality sind jedoch in der Automobilindustrie durchaus schon gängige Praxis. Nachfolgend

---

[66] Vgl. o.V., *Das magische Dreieck schlägt da voll zu*, in: Automobil Industrie, November 1997, S. 48.
[67] Arthur D. Little, 1996, *Management im vernetzten Unternehmen*, S. 54.

werden zur Verdeutlichung einige Anwendungsbeispiele von Virtual Reality genannt.

Auf dem Gebiet der Simulation von Produktionsabläufen hat Ford mit seinem C3P-System eine Vorreiterrolle übernommen. Es handelt sich hierbei um eine Computertechnologie, die es ermöglicht, Produktionsprozesse so lange auf dem Bildschirm durchzuspielen, bis sie fehlerlos laufen. Das Programm, das mit Hilfe von Software der Firma SDRC realisiert wurde, zeigt virtuelle Arbeiter, die sich u.a. bücken, drehen, Werkzeuge benutzen und Montagearbeiten ausführen. Damit können die einzelnen Montageschritte bereits vor dem eigentlichen Produktionsanlauf, wie auch das gesamte Fertigungssystem in der Simulation optimiert werden. Ford will durch die Einführung von C3P die Entwicklungskosten für neue Modelle um 200 Mio. US-Dollar jährlich senken, was die Kosten für das System um ein vielfaches kompensiert. Weiterhin kann mit Hilfe von C3P die Zeit vom Beginn der Planungen eines neuen Modells bis zu dessen Markteinführung um ein Drittel verringert werden. Das System wird als fundamentalste Veränderung in der computerunterstützten Infrastruktur, die jemals bei Ford unternommen wurde, angesehen. Es wird schrittweise bei den in den nächsten Jahren anstehenden Modellwechseln bis Ende 1999 einheitlich an allen Produktionsstandorten eingeführt sein.[68]

Ein noch weit umfassenderes Konzept stellt das Mazda Digital Innovation (MDI) genannte System dar, das von Software der Firma Technomatix Technologies Inc. unterstützt wird. Mit seiner Hilfe werden nicht nur Produktionsabläufe simuliert (wie mit C3P), sondern zusätzlich können die verschiedenen Komponenten eines Autos auf der Grundlage eines DMU „virtuell" entwickelt und anschließend auch getestet werden. Mazda verfügt damit über ein System, das zur Zeit einmalig in der Welt ist. Durch die Simulation aller Entwicklungsstufen und der späteren Produktion kann die Entwicklungszeit von derzeit

---

[68] Vgl. o.V., *Ford erprobt die Fertigung an virtuellen Montagebändern*, in: Blick durch die Wirtschaft, 07.08.1997, S. 13.

rund 36 Monaten halbiert werden. Die Gesamtinvestitionen für dieses System belaufen sich auf über 200 Mio. DM, die Ausgaben für Prototypen, Werkzeuge und ähnliches sollen jedoch um 30 % sinken und gleichzeitig werden die Personalkosten durch Verringerung der Entwicklungszeit reduziert, was die Investition relativ schnell amortisieren dürfte. [69]

Unter Einsatz von MDI wurde bereits ein neues Mazda-Modell entwickelt, der Kleinwagen Demio, der in Japan schon mit Erfolg auf dem Markt eingeführt wurde und Ende 1998 auch nach Europa kommen soll. Nach diesem erfolgreichen Anlauf von MDI ist Mazda inzwischen dabei, seine Zulieferer in dieses System einzubinden. Die aktuelle Version ermöglicht etwa die weltweite Kommunikation von Prozeßinformationen über das Internet. Jeder autorisierte Projekt-beteiligte kann MDI-Simulationen auf seinen PC herunterladen, ohne daß er selbst über das MDI-System verfügen muß.[70] Man kann durchaus sagen, daß durch MDI das virtuelle Auto Realität geworden ist und daß Mazda damit eine Beispielfunktion im Bereich innovativer Automobilentwicklung zukommt.

Ein weiteres wichtiges Anwendungsgebiet von Virtual Reality sind Crashtest-Simulationen, bei denen potentielle Gefahren für den menschlichen Körper sofort am Bildschirm deutlich werden. Welches Sparpotential in dieser Art der Simulation steckt wird deutlich, wenn man bedenkt, daß ein klassischer Crashtest bis zu 1 Mio. DM kosten kann. Darüber hinaus kann Zeit durch Virtual Reality-Crashtests ge-spart werden. Bei General Motors z.B. reduziert der Einsatz von VR für Crashtest-Simulation die Sicherheitstestphase für ein neues Auto-modell von acht auf drei Monate.[71]

---

[69] Vgl. Rehsche, *Virtuelle Welt im Automobilbau*, in: Handelszeitung, 27.11.1997, S. 23.

[70] Vgl. o.V., *Virtuell bis aufs Produkt*, in: Automobil Industrie, November 1997, S. 84.

[71] Vgl. Stiel, *Virtual Reality-Anwendungen*, in: Computerwochen, 10.05.1996, S.37.

Virtual Reality ist auch ein Thema im Automobilvertrieb. Bei Mercedes-Benz wird darüber nachgedacht, schon in ca. zwei Jahren Autohäuser mit Virtual Reality-Systemen auszustatten, so daß der Kunde sich aus allen zur Wahl stehenden Ausstattungsoptionen sein persönliches Auto zusammenstellen und sich dann per Virtual Reality das noch gar nicht existierende Endprodukt von allen Seiten ansehen und sich sogar „hineinsetzen" kann. Zur Zeit wird bei Mercedes-Benz noch für einen siebenstelligen Betrag an der Entwicklung eines Systems gearbeitet, das Virtual Reality für den Kunden leichter zugänglich macht als der bisher existierende unkomfortable Datenhelm.[72] Angesichts der steigenden Modellvielfalt ist dies ein interessanter Ansatz, um es auch kleineren Händlern mit wenig Präsentationsfläche zu ermöglichen, ihren Kunden die gesamte Produktpalette vorführen zu können.

Insgesamt wird deutlich, daß der Einsatz von Digital Mock-Up und Virtual Reality-Techniken in der Entwicklung und Produktion von Automobilen ein enormes Verbesserungs- und Einsparungspotential bietet. Neben der erheblichen Verkürzung von Entwicklungszeiten fallen auch noch Kosten für Prototypen und teure Holzmodelle neu entwickelter Fahrzeuge weg und die Produktqualität kann durch detailgenaue Computerberechnungen gesteigert werden. Fehler, die sonst unter Umständen erst nach Produktionsbeginn festgestellt wurden, können heute schon auf dem Bildschirm erkannt werden.

Auch wenn die Kosten der für Virtual Reality-Anwendungen benötigten Spezialcomputer sich derzeit noch im sechs- bis siebenstelligen Bereich bewegen, zahlen sich die Investitionen bereits nach kurzer Zeit aus. [73] In naher Zukunft werden DMU und Virtual Reality nicht mehr aus der industriellen Produktion wegzudenken sein, wenn auch heute die Techniken noch nicht hundertprozentig ausgereift sind. Viele Anwendungen, die noch weitere Erleichterungen bei Entwicklung und Produktion bringen werden, haben heute das Laborstadium noch nicht

---

[72] Vgl. o.V., *Virtuelles Auto - Autowahl am Monitor*, in: Focus, 08.09.1997, S. 57.
[73] Vgl. o.V., *Das Ende des Tonmodells?*, in: Automobil-Entwicklung, September 1997, S. 28.

verlassen, so daß für die Zukunft noch spektakulärere Systeme zu erwarten sind.

4.3 Automobile Informationstechnik

4.3.1 Telematik-Systeme

Unter Telematik versteht man den Einsatz von Systemen der Informations- und Kommunikationstechnologie im Verkehr. Ziel von Telematik-Systemen ist es, die Sicherheit, Mobilität und Wirtschaftlichkeit im Verkehr zu steigern. Es existieren schon heute einige Systeme, die dem Autofahrer bestimmte Aufgaben abnehmen oder erleichtern, und es ist für die Zukunft mit immer ausgereifteren und komplexeren Anwendungen zu rechnen. Der Trend geht deutlich in Richtung „sehendes“, „denkendes“ und „agierendes“ Auto. Nachfolgend werden einige Telematik-Konzepte kurz vorgestellt.

Ein wichtiger Bereich der Telematik sind die Navigationssysteme. Befindet sich ein Autofahrer in einer ihm unbekannten Region, weist der Bordcomputer ihm den Weg. Dies geschieht mit Hilfe von digitalen Landkarten auf CD-ROM und satellitengestützter Ortungssysteme, die jederzeit Aufschluß über die aktuelle Position eines Fahrzeuges geben können. Das System rechnet das vor Fahrtbeginn in den Bordcomputer eingegebene Ziel in Anweisungen um, die akustisch über Lautsprecher oder optisch auf einem Display ausgegeben werden. Solche Systeme sind keine Luxusaccessoires der Oberklassefahrzeuge mehr, sondern haben sich z.B. bereits in Passat, Omega und Mondeo etablieren können, und das bei immer weiter sinkenden Preisen.[74]

Im Bereich der Verkehrssicherheit existieren verschiedene Telematik-Konzepte, so z.B. Systeme, die den Abstand des Fahrzeuges zu ande-

---

[74] Vgl. Gertz, *IT in der Autoindustrie*, in: Computerwoche, 04.04.1997, S.50.

ren Objekten (Fahrzeuge, Fußgänger, Hindernisse) automatisch regu-
lieren und den Abbiege- und Spurwechselvorgang sichernd unterstützen. Hierbei werden verschiedenartige Sensoren (z.B. Radar,
Video, Ultraschall) eingesetzt, die den Fahrer in unfallträchtigen
Situationen informieren, bzw. durch automatische Lenkradreaktionen
beim Ausweichen unterstützen. Solche Systeme befinden sich noch in
der Laborphase und können derzeit noch nicht serienmäßig eingesetzt
werden. Zahlreiche Forschungsprojekte, unterstützt von der EU (z.B.
Prometheus) und dem Bundesministerium für Bildung, Wissenschaft,
Forschung und Technologie (z.B. Motiv), treiben allerdings die Entwicklungen auf diesem Gebiet schnell voran, so daß in naher Zukunft mit
deren Markttauglichkeit gerechnet werden kann.[75]

Als Beispiele für den bereits existierenden umfangreichen Einsatz von
Telematik können die neuen Golf- und Passat-Modelle genannt
werden. VW plant 1998 diese Mittelklassefahrzeuge erstmalig mit
telematischen Mobilitätsdiensten als Zusatzausstattung anzubieten.
Hierzu gehört ein Verkehrsinformationsdienst, der es ermöglicht,
bessere und aktuellere Stau- und Verkehrsinformationen als bisher
vom Rundfunk bekannt von einer Verkehrsredaktion abzufragen.
Außerdem umfaßt das Telematik-Paket eine Notruffunktion, die es dem
Fahrer erlaubt, im Falle eines Unfalls aus dem Fahrzeug heraus die
zuständigen Rettungsdienste zu alarmieren. Bei schweren Unfällen
(z.B. mit Auslösung des Airbags) werden die Unfalldaten, wie die
aktuelle Position des Autos sowie fahrzeug- und ereignisspezifische
Daten, automatisch per Mobilfunk übertragen, so daß eine schnelle
und an die Situation angepaßte Reaktion der Rettungsstellen garantiert
ist, selbst wenn der Fahrer nicht in der Lage ist, Hilfe zu rufen.[76]

Die Forschungstätigkeiten auf dem Gebiet der Telematik sind sehr
vielfältig und es wird erwartet, daß bereits in naher Zukunft Systeme
mit verschiedenartigen Funktionen auf den Markt kommen. Beispiele

---

[75] Vgl. BMBF, 1997, *Informationsbroschüre Motiv*, S. 9.
[76] Vgl. VW-Gedas, *Customer Information Magazine*, Dezember 1997, S. 20.

hierfür sind u.a. automatische Geschwindigkeitsregelungen auf Auto-
bahnen oder Flottenmanagement-Programme zum Einsatz im Trans-
portwesen. Der Telematik-Markt in Europa wird auf ein Volumen von
ca. 300 Mrd. DM geschätzt[77] und mit wachsendem Interesse sowohl
von der Automobilindustrie als auch von der informations-
technologischen Industrie betrachtet. Telematik ist ganz sicher eines
der zentralen Themen der Automobilentwicklung der nächsten Jahre.

4.3.2 Integration von Multimedia-Systemen im Fahrzeug

Neben der Entwicklung von reinen Telematik-Systemen wird auch
immer mehr über die Integration von Hochleistungs-PCs in Kraftfahrzeuge nachgedacht, die Multimedia-Anwendungen während der
Fahrt ermöglichen sollen. Telematik-Funktionen stellen in einem solchen Konzept nur einen kleinen Teil der Anwendungsmöglichkeiten
dar.

Einer Studie zufolge verbringen wir bis zu 12 % der Zeit, während derer
wir nicht schlafen, hinter dem Steuer eines Autos. Um diese Zeit besser
zu nutzen, wird in neuen Konzepten angedacht, Computer-Hard- und
Software sowie gängige Kommunikations- und andere elektronische
Geräte, verschmolzen in einem modularen Multimedia-System, im
Fahrzeug zu integrieren.[78]

Es würde dem Fahrer dadurch nicht nur ermöglicht, sich mit Telematik-
Systemen leichter und sicherer im Straßenverkehr zurechtzufinden,
sondern auch während der Autofahrt beispielsweise im Internet zu
„surfen", Büroarbeiten zu erledigen oder Telefonanrufe zu tätigen und
entgegenzunehmen. Es soll hiermit eine nahtlose Verknüpfung der
Computer am Arbeitsplatz, zu Hause und im Auto hergestellt werden.

---

[77] Vgl. Diez, *Individuelle Kundenwünsche und hohe Umweltanforderungen*, in: Blick
durch die Wirtschaft, 24.10.1996, S. 17.
[78] Vgl. VDI, 1997, *Systemengineering in der Kfz-Entwicklung*, S. 443 - 447.

Darüber hinaus könnte ein solches System Multimedia-Unterhaltung für die Mitfahrer bieten.

Auch wenn dieses Konzept futuristisch erscheint, beruht dessen Entwicklung doch auf schon heute existierenden Technologien. Eine wesentliche Voraussetzung für die breite Nutzung von Multimedia-Anwendungen im Fahrzeug ist allerdings eine Benutzeroberfläche, die durch ein Spracherkennungssystem gesteuert werden kann. Somit wird es dem Fahrer beispielsweise ermöglicht, auf einer Ferienreise Informationen über die Wetteraussichten einzuholen, sich in fremden Städten mühelos zurechtzufinden oder ein Hotel von seinem Auto aus zu reservieren, ohne durch das Bedienen von Tasten vom Steuern seines Fahrzeuges abgelenkt zu werden. Solche leistungsfähigen Spracherkennungssysteme sind allerdings heute noch Zukunftsmusik. Man geht jedoch davon aus, daß in ca. fünf Jahren die Spracheingabe ein Niveau erreicht haben wird, daß Serienautos produziert werden können, in denen der Autofahrer bestimmte Funktionen auf Zuruf aktivieren kann.[79]

Ein im Fahrzeug integriertes Internet-System für den Beifahrer (da ohne Sprachsteuerung) hat Anfang 1997 das Daimler-Benz Research Center in Palo Alto, Kalifornien vorgestellt. Der Bordcomputer fungiert als selbständiger Web-Server und per Funktelefon können sich die Fahrzeuginsassen in das Internet einwählen und Büroarbeiten erledigen oder ein Internet-basiertes Navigationssystem nutzen.[80]

---

[79] Vgl. o.V., *Am Lenkrad im Internet surfen*, in: Automobil-Entwicklung, September 1997, S. 50.
[80] Vgl. Quack, Die Zukunft des Autos liegt im Internet, in: Computerwoche, 16.05.1997, S. 11.

Bei der Integration von Multimedia im Fahrzeug handelt es sich um ein Konzept, das völlig neue Horizonte für Automobil- und IT-Entwickler eröffnet, sicher aber erst in einigen Jahren von größerer Relevanz für die Automobilindustrie sein wird.

5 Beispielhafte Darstellung der IT-Landschaft einiger deutscher Automobilhersteller

Zur Darstellung der IT-Landschaft deutscher Automobilhersteller in diesem Kapitel ist von der Verfasserin ein Fragebogen[81] erstellt worden, anhand dessen versucht wurde, Informationen von den Herstellern zu erhalten. Leider waren nur zwei Unternehmen, Mercedes-Benz und Volkswagen, dazu bereit, die ihnen gestellten Fragen in begrenztem Umfang zu beantworten. Diese sehr restriktive Herausgabe von Informationen über die bei den Automobilherstellern eingesetzte Informations- und Kommunikationstechnologie dokumentiert, daß dieses Themengebiet als maßgebend für den Unternehmenserfolg angesehen wird und dementsprechend hoher Geheimhaltung unterliegt. In einer leistungsfähigen IT-Ausstattung sehen die Automobilhersteller demnach ein großes Potential an Wettbewerbsvorteilen im immer härter umkämpften globalen Fahrzeugmarkt.

Anhand der von Mercedes-Benz und Volkswagen erteilten Auskünfte soll nachfolgend ein grober Überblick über deren IT-Landschaft gegeben werden.

5.1 Mercedes-Benz AG[82]

Bei Mercedes-Benz werden die Aufwendungen für Informationstechnologie im Jahr 1997 auf ca. 2,1 Mrd. DM beziffert, was fast 2 % des Unternehmensumsatzes von 120 Mrd. DM ausmacht. Das IT-Budget für 1998 liegt geringfügig über dem Vorjahreswert und beläuft sich auf rund 2,3 Mrd. DM.

---

[81] Der Fragebogen ist dieser Arbeit in Anlage 6 beigefügt.
[82] Der Fragebogen wurde von Herrn Walter Schupeck, Leiter Fachgebiet Systemtechnik, beantwortet.

Detaillierte Angaben zum IT-Einsatz in den einzelnen Unternehmens-bereichen wurden nicht gemacht, allerdings wurde ausgesagt, daß momentan in allen Bereichen noch sehr viel mit unternehmensinternen, eigenentwickelten Systemen gearbeitet wird, die von Standort zu Standort verschieden sein können. Es wird aber zur Zeit konzernweit dazu übergegangen, immer mehr Standardsoftware wie z.B. PAISY (Personalverwaltung) oder SAP R/3 einzusetzen.

Dem Einsatz von Intranet und Extranet-Anwendungen kommt bei Mercedes-Benz eine zentrale Bedeutung zu. In den letzten zwei Jahren wurde intensiv am Aufbau eines Intranets gearbeitet, über das heute auf Informationen verschiedenster Art (z.B. Daten zu Projekten, Konzepte, Untersuchungen, Zeichnungen, Datenblätter, Handbücher) aus allen Unternehmensbereichen zugegriffen werden kann. Hierbei sind außer Mitarbeitern des Unternehmens auch Firmen zugelassen, die in der Prozeßkette mitwirken. Momentan wird an den Ausbau eines Extranets gearbeitet, über das Händler und Werkstätten detaillierte Ersatzteilinformationen abrufen können.

Im Bereich der Zusammenarbeit mit den Zulieferern verpflichtet Mercedes-Benz diese, die gleichen IT-Systeme einzusetzen, um eine Austauschbarkeit der Daten zu gewährleisten.

Zum Thema zukünftige informationstechnologische Trends und Ent-wicklungen in der Automobilindustrie wurden vier Schlagworte genannt:

- Information anytime, anywhere and anyway,
- hochleistungsfähige Unternehmensnetze,
- JAVA-Applikationen, basierend auf Internet-Technologie,
- mehr Simulation, weniger Experiment.

5.2 Volkswagen AG[83]

Bei der Volkswagen AG belaufen sich die Aufwendungen für IT 1997, wie auch das Budget für 1998, auf ca. 1,8 Mrd. DM, was rund 1,5 % des Umsatzes von 1997 ausmacht und damit in etwa der Größenordnung von Mercedes-Benz entspricht.

In vielen Unternehmensbereichen werden zur Zeit noch zahlreiche selbstentwickelte Systeme eingesetzt, der Trend geht aber auch hier eindeutig zum Einsatz von Standardsoftware in möglichst allen Bereichen. Beispiele von schon heute eingesetzten Standardprogrammen sind die CAD-Systeme CATIA und ProEngineer, das Fertigungssteuerungssystem FIS sowie SAP R/3 (für Personalwirtschaft, Finanzwirtschaft und Controlling).

Auch bei VW hat der Einsatz von Intranet und Extranet bereits eine sehr große und immer noch stark zunehmende Bedeutung. Über die Zugangsberechtigung für unternehmensexterne Teilnehmer am VW-Intranet wird unter Berücksichtigung sehr strenger Sicherheitsgesichtspunkte entschieden.

Als wichtige zukünftige IT-Entwicklungen in der Automobilindustrie werden bei VW Internet- und Intranet-Anwendungen, die Informationsfähigkeit der Mitarbeiter an jedem beliebigen Ort und die Integration von Informationstechnologie im Fahrzeug angesehen. VW betreibt auf diesen und anderen erkennbaren neuen Gebieten der IT Forschungen.

Nach Betrachtung der IT-Landschaften von Mercedes-Benz und Volkswagen und der Angaben, die zu zukünftigen Trendeinschätzungen gemacht wurden, kann festgestellt werden, daß die im Gliederungspunkt 4 dieser Arbeit beschriebenen informations-

---

[83] Der Fragebogen wurde von Herrn Rüdiger Herboth, Leiter Informationssysteme Fertigung, Logistik, Vertrieb, beantwortet.

technologischen Innovationen bei den beiden Herstellern jetzt schon zum Einsatz kommen, bzw. als wichtige Entwicklungen der nahen Zukunft eingestuft werden.

6 Unternehmensnetzwerke in der Automobilindustrie

Die Kooperation von Herstellern und Zulieferern ist ein zentrales Thema in der heutigen Automobilindustrie. In diesem Kapitel wird aufgezeigt, daß sich immer mehr Unternehmensnetzwerke in diesem Industriezweig bilden und wie sich die Zusammenarbeit in diesen Netzwerken konkret darstellt. Anschließend werden Formen der elektronischen Kommunikation innerhalb solcher Hersteller-Zulieferer-Netzwerke beschrieben.

6.1 Zunehmende Bedeutung der Kooperation zwischen Automobilhersteller und Zulieferer

Im Laufe dieser Arbeit wurde bereits mehrfach auf die zunehmende Integration von Zulieferern in den Wertschöpfungsprozeß der Automobilhersteller eingegangen. Neuen Anforderungen, wie die Verkürzung der Entwicklungszeiten und die Vergrößerung der Produktvielfalt, können Fahrzeughersteller vor dem Hintergrund des sich verschärfenden weltweiten Wettbewerbs nur noch gerecht werden, wenn sie sich auf ihre eigenen Kernkompetenzen konzentrieren. Von den Zulieferern wird also in verstärktem Maße verlangt, daß sie die Entwicklung, Beschaffung, Produktion, Qualitäts- und Kostenkontrolle sowie die Anlieferung und unter Umständen auch den Einbau kompletter Fahrzeugsysteme oder -module eigenständig übernehmen und den Hersteller somit entlasten. Beispiele für solche Systeme sind Brems- oder Beleuchtungssysteme, Türen oder Cockpits.

In diesem Zusammenhang spricht man von „Systemlieferanten", die in der Automobilindustrie eine immer größere Rolle spielen. Diese Systemlieferanten erbringen einen wesentlichen Teil des Wertschöpfungsprozesses, indem sie komplette Lösungen nach den Vorgaben des Herstellers entwickeln, fertigen und als einbaufertiges

Modul just-in-time an das Fertigungsband des Herstellers liefern. Statt vieler Einzelteile erhalten die Automobilhersteller also ein einziges getestetes Modul.

Mit dieser Reduzierung der Anzahl zugekaufter Komponenten verringert sich auch die Zahl der direkten Zulieferer. Erklärtes Ziel der Automobilhersteller ist es, nur noch rund 100 bis 200 Systemlieferanten zu haben, mit denen sie auf einer festen vertraglichen Basis zusammenarbeiten.[84] Der Koordinationsaufwand für den Hersteller verringert sich hierdurch beträchtlich. Er wird allerdings auf die Systemlieferanten übertragen, die ihrerseits eigenständig die Beschaffung und Montage der für das fertige Modul erforderlichen Einzelteile übernehmen müssen.

Oft kann ein einzelner Zulieferbetrieb gar nicht die gesamte Entwicklung und Montage eines komplexen Moduls alleine realisieren, so kommt es unter den Automobilzulieferern nicht selten zu Kooperationen zur Erstellung eines einbaufertigen Moduls. Für den Smart von Mercedes-Benz haben sich beispielsweise vier Zulieferer (Ymos, Edscha, Happich und Brose) zu einem Konsortium zusammengeschlossen, das gemeinsam die Seitentüren und die Heckklappe entwickelte und diese auch direkt im Smart-Werk in Hambach fertigt und bereitstellt.[85] Diese verstärkte Zusammenarbeit innerhalb der Zulieferindustrie bietet durchaus Vorteile für kleine und mittelständische Unternehmen, die alleine nicht genügend Kapazitäten hätten, um als Systemlieferant für einen Automobilhersteller tätig zu sein, dies aber innerhalb einer Kooperation mit anderen Zulieferern erreichen können. Andererseits werden Unternehmen, die nicht an solchen Kooperationen beteiligt sind, mehr und mehr vom Markt verdrängt, da sie keine ausreichenden Kapazitäten besitzen, um sich gegenüber den mächtigen Unternehmensverbünden ihrer Wettbewerber behaupten zu können.

---

[84] Vgl. Meyer, *Automobilindustrie strafft Prozesse bei der Zulieferung*, in: Computerwoche, 12.04.1996, S. 41.
[85] Vgl. Scheffels, *Entwicklungschancen nutzen*, in: Handelsblatt, 22.01.1997, S. 18.

Um ein modernes Fahrzeug zu entwickeln und zu produzieren, sind also zahlreiche Kooperationen, sowohl zwischen Hersteller und Systemlieferant als auch unter den verschiedenen Unterlieferanten für einbaufertige Module, erforderlich. Da der gesamte Entwicklungs- und Fertigungsprozeß, wie schon mehrfach betont, extremem Zeit- und Kostendruck unterliegt, ist eine optimale, reibungslose Zusammenarbeit aller Beteiligten unabdingbar. Die einzelnen Unternehmen müssen eng miteinander vernetzt sein, um eine optimale Abstimmung der zahlreichen zur Fahrzeugherstellung erforderlichen Aktivitäten zu gewährleisten. Im folgenden soll ein Konzept vorgestellt werden, das auch in der Automobilindustrie immer öfter zur Koordination von unternehmensübergreifenden Projekten Anwendung findet und auf dem Grundgedanken des Unternehmensnetzwerkes beruht, das sogenannte Virtuelle Unternehmen.

6.1.1 Virtuelle Unternehmen

Wertschöpfungsketten werden heutzutage zunehmend in Wertschöpfungsnetzwerke reorganisiert, verschiedene Unternehmen arbeiten bei der Erstellung eines Produktes zusammen und sind durch neue Informations- und Kommunikationstechnologien miteinander verknüpft. Die Unternehmensgrenzen verwischen, anstelle von klar voneinander abgegrenzten Unternehmen wird zunehmend in Unternehmensnetzwerken an der Entwicklung und Fertigung von neuen Produkten gearbeitet. In diesem Zusammenhang wird in Theorie und Praxis immer häufiger von Virtuellen Unternehmen gesprochen.

Virtuelle Unternehmen lassen sich als „Gebilde definieren, die im Hinblick auf einen maximalen Kundennutzen und basierend auf individuellen Kernkompetenzen eine Koordination unabhängiger Unternehmen entlang einer gemeinsamen Wertschöpfungskette realisieren."[86] Virtuelle Unternehmen stellen folglich Netzwerke rechtlich und wirtschaftlich selbständiger Organisationen dar, die sich in einem koordinierten arbeitsteiligen Prozeß zur Durchführung gemeinsamer Projekte zusammenschließen und deren jeweilige Kernkompetenzen sich gegenseitig ergänzen.

Da die Grundidee Virtueller Unternehmen auf dem Prinzip der Netzwerkorganisation beruht, ist eine Grundvoraussetzung für ihre Bildung der Einsatz moderner Informations- und Kommunikationstechnologie. IT bildet somit die zentrale Triebkraft virtueller Organisationen, denn nur hierdurch wird es möglich, Informationen auf schnellstem Wege auszutauschen und die Aktivitäten innerhalb eines Unternehmensnetzwerkes zu koordinieren. Hierbei kommt vor allem Internet- und Intranetanwendungen eine besonders große, immer noch wachsende Bedeutung zu.

Am Markt kann ein Virtuelles Unternehmen mit zahlreichen wettbewerbsrelevanten Leistungsmerkmalen (z.B. hohe Flexibilität, Schnelligkeit, niedrige Kosten, hohes Innovationspotential) auftreten, ohne daß jedes Einzelunternehmen alle Anforderungen zugleich erfüllen muß. Dieser Synergieeffekt zahlt sich vor allem auch für kleine Unternehmen aus, die somit in der Lage sind, an Projekten in Größenordnungen mitzuarbeiten, die sie alleine nicht bewältigen könnten.

Selbst wenn der Eindruck entsteht, daß alle in einer Virtuellen Unternehmung Beteiligten gleichberechtigte Partner sind, haben doch die eigentlichen Herstellerfirmen die Führungsrolle innerhalb dieses Unternehmensnetzwerkes inne. Das reibungslose Funktionieren eines Virtuellen Unternehmens hängt größtenteils von den hochqualifizierten Zulieferern ab, die sich nahtlos in die Strategien eines Herstellers einfügen und ihm ihre Kernkompetenzen als Simultaneous Engineering-

---

[86] Müller / Kohl / Schoder, 1997, *Unternehmenskommunikation: Telematiksysteme für vernetzte Unternehmen*, S. 292.

Partner zur Verfügung stellen. Die Zulieferer haben also nach den Vorstellungen des Herstellers zu funktionieren und man kann sicher nicht von gleichberechtigten Partnerschaften sprechen.

Ein sehr markantes Beispiel für ein Virtuelles Unternehmen in der Automobilindustrie ist das VW-Werk in Resende, Brasilien. Das 1996 eingeweihte Werk für Nutzfahrzeuge und Omnibusse gehört zu den modernsten Produktionsstätten der Automobilindustrie, der Fertigungsprozeß wurde hier völlig revolutioniert. Von den rund 1500 Mitarbeitern gehören nur ca. 200 zu VW selbst. VW beschränkt sich in diesem Werk auf die Produktentwicklung, die Qualitätssicherung, die Logistik und den Verkauf. Die gesamte Produktion ist an acht Zulieferfirmen vergeben. Alle diese an der Fertigung beteiligten Systemlieferanten sind in einer Werkhalle tätig und übernehmen die vollständige Verantwortung für Montage und Einbau der jeweiligen Module. Das komplett zusammengebaute Fahrzeug wird am Ende lediglich von einem VW-Meister überprüft. Diese Qualitätssicherung soll aber langfristig auch auf die Systempartner übergehen, so daß VW gar nicht mehr am Produktionsprozeß beteiligt sein wird. Die bisher erzielten Erfolge geben dem Konzept der virtuellen Fabrik Recht. So konnten beispielsweise die zur Produktion eines Fahrzeugs benötigten Arbeitsstunden um 12 % gesenkt werden.[87]

6.2 Elektronische Kommunikation zwischen Automobilherstellern und Zulieferern

Die in den vorangegangenen Abschnitten beschriebene sich immer weiter intensivierende Zusammenarbeit zwischen Herstellern und Zulieferern, die oft durch einen großen Zeitdruck gekennzeichnet ist, macht es unumgänglich, kooperationsrelevante Daten nicht mehr auf konventionellem Weg per Papier, sondern elektronisch auszutauschen. Als Instrumente stehen hierfür u.a. Electronic Data Interchange (EDI)

---

[87] Vgl. Wüthrich / Philipp / Frentz, 1997, *Vorsprung durch Virtualisierung*, S. 119-128.

sowie der elektronische Austausch von CAx-Daten[88] zur Verfügung[89]. Diese beiden Instrumente sind eng miteinander verbunden, der Austausch von CAx-Daten kann als eine Weiterentwicklung von EDI angesehen werden. Beide werden in den nachfolgenden Abschnitten beschrieben. In zunehmendem Maße werden natürlich auch Daten über Intranet und Extranet ausgetauscht. Da dieses Themengebiet bereits in Gliederungspunkt 4.1.2 behandelt wurde, wird in diesem Kapitel nicht weiter darauf eingegangen.

6.2.1 Electronic Data Interchange

Unter Electronic Data Interchange versteht man „die elektronische Übertragung von strukturierten Geschäftsdaten zwischen Organisationen. Durch EDI werden standardisierte, regelmäßig wiederkehrende Transaktionen zwischen Organisationen wie z.B. Bestellungen und Rechnungen so unterstützt, daß ein menschliches Eingreifen nicht mehr erforderlich ist. Die Daten werden direkt von einem Anwendungssystem des einen Unternehmens zu einem Anwendungssystem eines anderen Unternehmens übertragen und dort weiterverarbeitet."[90]

Die Automobilbranche war in Deutschland der Vorreiter beim Einsatz von EDI. Es wurde sehr schnell ein so hoher Verbreitungsgrad erzielt, wie er sonst in kaum einem anderen Wirtschaftszweig beobachtet werden kann.[91] Die zunehmende Vergabe der Herstellung ganzer Fahrzeugmodule an Zulieferer und vor allem die Produktion nach dem Just-in-Time-Prinzip erfordern in der Automobilindustrie einen schnellen und reibungslosen Informationsfluß entlang der gesamten Wertschöpfungskette, welche über die Unternehmensgrenzen des Her-

---

[88] Der Begriff CAx wird in diesem Abschnitt zusammenfassend für CAD-, CAE- und CAM-Anwendungen benutzt.
[89] Es stehen zu diesem Zweck auch Kommunikationstechnologien wie z.B. E-Mail zur Verfügung. Auf diese soll aber hier nicht eingegangen werden.
[90] Schwarzer, 1996, *Wirtschaftsinformatik*, S. 199.
[91] Vgl. Richter, *EDI in der Automobilindustrie*, in: Edi-Change, Dezember 1995, S. 3.

stellers hinaus geht. Diese Umstände machen den Einsatz von EDI in der Fahrzeugindustrie unumgänglich, denn stark verkürzte Dispositionszeiten erlauben es nicht mehr, traditionelle, papiergebundene Abwicklungsformen zur Nachschubsteuerung einzusetzen. Per EDI werden Lieferabrufe, Lagerentnahmescheine, Ladelisten, Warenversandpapiere, Auftragsbestätigungen, Rechnungen und eine Vielzahl anderer Formulare automatisch erstellt und zwischen Lieferanten und Kunden ausgetauscht, ohne daß ein Mitarbeiter eingreifen muß.

Die Vorteile des Einsatzes von EDI sind vielfältig. Durch das Entfallen manueller Dateneingabe und -verarbeitung wird nicht nur die Bearbeitungszeit erheblich verkürzt, sondern auch die Fehlerquote reduziert. Zudem verbessert sich die Lieferqualität, da jede Transaktion automatisch termingerecht ausgelöst wird.

Ein Problem im Zusammenhang mit EDI stellen die zahlreichen unterschiedlichen Anwendungssysteme, die in der Wirtschaft eingesetzt werden, dar. Daten verschiedener DV-Programme sind meist nicht untereinander austauschbar, was vor allem für Zulieferer ein Dilemma ist, da sie gezwungen sind, sich den jeweils bei den Automobilherstellern eingesetzten Programmen anzupassen. Dies kann bedeuten, daß ein kleiner mittelständischer Zulieferbetrieb mehrere umfangreiche und teure DV-Systeme anschaffen muß, um die für EDI benötigte Kompatibilität mit allen seinen Kunden zu gewährleisten.

Abhilfe schaffen hier unternehmensübergreifende Standards, die Datenformate vereinheitlichen und somit den Austausch von Daten aus beliebigen Systemen ermöglichen. Im Bereich der Automobilindustrie haben sich zwei Standards herausgebildet: der VDA-Standard, der vom Verband der Automobilindustrie entwickelt wurde und bei den deutschen Herstellern und Zulieferern Anwendung findet, sowie der ODETTE-Standard (Organisation for Data Exchange by Tele Transmission in Europe), der von Experten der europäischen Automobilindustrie entwickelt wurde. Allerdings ist die Existenz verschiedener

Standards nicht sehr sinnvoll, da Zulieferer, die sowohl deutsche als auch andere europäische Hersteller beliefern möchten, nach beiden Standards arbeiten müssen. Es müssen sogar noch zusätzliche Kriterien für EDI beachten werden, wenn außereuropäische Kunden beliefert werden sollen. Weiterhin muß beispielsweise ein Hersteller von Scheibenwischern, der seine Produkte auch in Verbraucher-märkten vertreibt, zusätzliche Standards des Handels (z.B. SEDAS) beherrschen, da VDA und ODETTE nur in der Automobilindustrie Anwendung finden.

Sinnvoll wäre also der Einsatz eines branchenübergreifenden, internationalen Standards für EDI. Dieser existiert bereits und trägt den Namen EDIFACT (Electronic Data Interchange for Administration, Commerce and Transport). Er wurde 1987 von den Vereinten Nationen verabschiedet und findet in zahlreichen Wirtschaftszweigen und Ländern seit langer Zeit Anwendung.[92] In der Automobilindustrie wird EDIFACT jedoch so gut wie gar nicht genutzt, was wahrscheinlich an der großen Macht der Automobilhersteller liegt. Sie können ihren Zulieferern ihre eigenen Standards aufzwingen und verhindern somit eine Vereinfachung der DV-Strukturen bei letzteren. Auch die Hersteller könnten jedoch von der Nutzung von EDIFACT profitieren, denn dadurch würden sich auch für sie neue Perspektiven in der Kommunikation mit Banken und anderen Branchen eröffnen.[93]

6.2.2 Elektronischer Austausch von CAx-Daten

EDI-Standards wie VDA oder ODETTE eignen sich lediglich zur Über-tragung von Texten, Formularen, einfachen Zeichnungen und Flächen-modellen. CAx-Daten wie Volumen- und Kinematikmodelle, Berrech-nungsergebnisse, Bauteil- und Strukturinformationen oder komplexe 3D-Zeichnungen sind mit diesen Standards bisher nicht austauschbar.

---

[92] Vgl. Schwarzer, 1996, *Wirtschaftsinformatik*, S. 201.
[93] Vgl. Richter, *EDI in der Automobilindustrie*, in: Edi-Change, Dezember 1995, S. 3.

Gerade die elektronische Übertragung dieser Daten ist aber von größter Wichtigkeit bei Simultaneous Engineering. Es ergeben sich auch hier vor allem auf Zuliefererseite die im vorangegangenen Abschnitt ausführlich geschilderten Probleme der Inkompatibilität der verschiedenen CAx-Systeme.

Um die Datenkompatibilität für den elektronischen Austausch mit den Herstellern zu gewährleisten, werden in der deutschen Automobil-zulieferindustrie jährlich weit über 100 Mio. DM für die Aufbereitung von CAx-Daten aufgewendet.[94] Auch hier besteht folglich ein gewaltiges Einsparungspotential, das mit dem Standard STEP (Standard for the Exchange of Product Model Data) realisiert werden soll.

Hierbei handelt es sich um eine internationale Norm, die auch die Bezeichnung ISO 10303 trägt und nach fast zehnjähriger Entwicklungszeit 1994 am Markt eingeführt wurde.[95] Die deutsche Automobilindustrie steht nahezu geschlossen hinter STEP. Die meisten Unternehmen, sowohl auf Hersteller- als auch auf Zuliefererseite, setzen bereits STEP-Prozessoren ein, mit denen es ermöglicht wird, Daten, die mit einem CAx-Programm erstellt wurden, umzuwandeln, elektronisch zu versenden und schließlich in einem anderen Unternehmen auf einem völlig anderen CAx-System weiterzubearbeiten.[96]

---

[94] Vgl. o.V., *Wachablösung bei DFÜ*, in: Automobil-Produktion, April 1995, S. 98.
[95] Vgl. o.V., *Was ändert sich mit STEP?*, in: Konstruktionspraxis, März 1997, S. 37.
[96] Zur Beurteilung des STEP-Einsatzes bei den deutschen Automobilherstellern siehe Anlage 1.

Zusammenfassend kann man feststellen, daß die Automobilindustrie im Bereich des elektronischen Austausches von CAx-Daten, für den ein international verbreiteter Standard eingesetzt wird, wesentlich weiter fortgeschritten ist als beim „normalen" EDI, bei dem die Automobilhersteller sich immer noch gegen eine branchen- und länderübergreifende Lösung sperren. Sie verursachen somit bei ihren Zulieferern hohe Kosten und Aufwand im Bereich der IT.

7 Schlußbetrachtung

Im Laufe dieser Arbeit wurde aufgezeigt, daß die Automobilindustrie durch einen sich verschärfenden internationalen Wettbewerb gekennzeichnet ist, dessen Randbedingungen sich mit großer Geschwindigkeit ändern. Die Automobilhersteller sind gezwungen, Optimierungsprozesse entlang der gesamten Wertschöpfungskette einzuleiten, um sich nicht aus dem Markt verdrängen zu lassen.

Informations- und Kommunikationstechnologien leisten eine entscheidende Unterstützung bei der Bewältigung der enormen Herausforderungen, die der Markt an die Automobilhersteller stellt. Daß IT von letzteren als wichtiges Instrument zur Erzielung von Wettbewerbsvorteilen eingeschätzt wird, dokumentiert nicht nur die große Geheimhaltung, der Informationen über die IT-Landschaften der einzelnen Hersteller unterliegen. Diese Einschätzung wird auch durch die Darstellung verschiedener Einsatzgebiete von IT in der Automobilindustrie im Verlauf der vorliegenden Arbeit untermauert.

So wurde beispielsweise ausgeführt, daß die Konzentration auf Kernkompentenzen und die Verlagerung von Teilen des Wertschöpfungsprozesses auf Zulieferer ein wesentlicher Bestandteil der Strategie ist, die die Automobilhersteller weltweit einsetzen, um schneller und flexibler auf sich ändernde Kundenwünsche und Marktbedingungen reagieren zu können. Die Automobilbranche ist dadurch stark von Kooperationen in Unternehmensnetzwerken geprägt, deren Errichtung erst durch moderne Informations- und Kommunikationstechnologien möglich wird. IT erlaubt nicht nur den effizienten Austausch von Daten zwischen Automobilhersteller und Zulieferer, sondern ermöglicht auch eine Globalisierung der Aktivitäten des Herstellers durch die elektronische Überbrückung geographischer Distanzen.

Darüber hinaus wurde geschildert, daß der Einsatz von IT aus der heutigen Fahrzeugentwicklung und -herstellung schon lange nicht mehr wegzudenken ist. Sind Anwendungen wie z.B. CAx-Systeme längst Selbstverständlichkeit, bietet die moderne IT doch immer wieder neue Innovationen, die es ermöglichen, Entwicklungszeiten und -kosten weiter drastisch zu senken. Für Automobilhersteller stellt dies heute eine unabdingbare Voraussetzung zur Erhaltung der Wettbewerbsfähigkeit dar.

Abschließend ist festzustellen, daß der konsequente Einsatz moderner Informations- und Kommunikationstechnologien in der Automobilindustrie als ein entscheidender Schlüsselfaktor zum Überleben im globalen Verdrängungswettbewerb angesehen werden muß. Die Automobilhersteller haben dies klar erkannt. Sie setzen bereits zahlreiche informationstechnologische Neuerungen in ihren Unternehmen ein und betreiben intensive Forschungen auf neuen Gebieten der IT. Allerdings muß angemerkt werden, daß der Einsatz von IT nicht nur eine Chance zur Erhöhung der Wettbewerbsfähigkeit darstellt, sondern auch die Anforderungen an die Automobilhersteller erhöht. Diese sind gezwungen, informationstechnologische Innovationen schnellstmöglich einzusetzen, da sie sonst den Anschluß an die Wettbewerber sofort verlieren. Es genügt daher nicht, Informationstechnologie einzusetzen, das Überleben im internationalen Konkurrenzkampf hängt vielmehr davon ab, Innovationen schnell - und vor allem schneller als die Wettbewerber - umzusetzen und voranzutreiben.

Anlagenverzeichnis

Anlage 1

CAD-Anwendungen der deutschen Automobilhersteller

Frage / Firma	Welche CAD-Software setzt Ihr Unternehmen in welchen Bereichen ein?	Setzen Sie oder werden Sie Step einsetzen, ggf. ab wann?	Halten Sie den Step-Einsatz für zwingend erforderlich?
Audi	Der CAD-Einsatz erfolgt bei der Audi AG prozeßkettenorientiert. Neben den Prozeßketten der Karosserie und der Elektrik/Elektronik gibt es Prozesse im Bereich Fahrwerk und Aggregate (Getriebe, Motor). In den ersten beiden Prozeßketten setzt Audi das CAD-System Catia von Dassault Systems (Vertrieb IBM) ein. In der dritten und vierten Prozeßkette wird das System Pro/Engineer von PTC verwandt. Diese Systeme decken zusammen rund 85 Prozent der Arbeitsplätze ab. Darüber hinaus sind u.a. noch folgende CAD-Systeme im Einsatz: Cadds von Computer Vision, Alias, Cdrs im Stylingbereich, Icemsurf im Bereich der Fahrzeugergonomie und Tebis, WORKNC im NC-Bereich.	Step wird bei Audi zur Zeit nur pilotweise eingesetzt, da die Qualität der Prozessoren eine produktive Verwendung ohne zusätzlichen Ressourceneinsatz nicht zuläßt. Aufgrund der verzögerten Normung von Step und der nicht verfügbaren Prozeßqualität ist ein Einsatztermin Mitte des Jahres angestrebt.	Die bisherigen neutralen Schnittstellen sind von der Konzeption her nicht mehr so erweiterbar, daß sie den zukünftigen Anforderungen in der Automobilindustrie gerecht werden. Step ermöglicht unter anderem die Zusammenführung von CAD- und Stücklistendaten. Ferner ist durch Step die Unterstützung des Simultaneous Engineering mit externen Partnern gegeben.
BMW	BMW setzt als Basis(-Kernprodukt) die CAD-Software Catia von der Fa. Dassault Systems mit circa 900 Arbeitsplätzen ein. Wir setzen außerdem das Produkt Proe von der Fa. PTC für die Basis-Motor-Entwicklung ein. Darüber hinaus werden für Spezialanwendungen Alias für Styling und Robcad für Roboter-Stimulation eingesetzt.	Step wird im Moment nur pilothaft eingesetzt. Ziel ist ein breiter Datenaustausch auf Stepbasis, um möglichst vielen externen die Verwendung ihrer CAD-Systeme mit BMW zu ermöglichen und auch BMW-intern einen besseren Einsatz von Nischenprodukten zu erreichen.	
Mercedes	Als durchgängiges Basissystem wird im produktspezifischen Bereich (Entwicklung und Produktion) Catia eingesetzt. Im nicht produktspezifischen Bereich (Fabrik- und Hallenplanung) findet Faplis/Intergraph Anwendung	Step hat eine hohe strategische Bedeutung für Mercedes-Benz, insbesondere AP214 für den Datenaustausch. So werden Daten bereits zwischen Syrko und Catia ausgetauscht. Sobald alle Produkte verfügbar sind, wird der Einsatz verstärkt.	Ja!
Ford	In den Entwicklungsbereichen Fahrzeug, Karosserie, Fahrwerk und Design wird überwiegend die Ford-eigene CAD-Software Pdgs eingesetzt. Jedoch wird zur Zeit eine neue Strategie mit dem CAD-System I-Deas und der Daten-Management-Software Metaphase eingeführt. Wir bezeichnen dies als die C3P-Strategie (C3P steht für CAD, CAM, CAE & PIM; PIM = Product Data Management. Ziel ist es, firmenweit nur noch eine CAD-Software zu verwenden, was den Datenaustausch zwischen den einzelnen Bereichen vereinfacht und Eigenentwicklung, wie das erwähnte Pdgs überflüssig macht. Außerdem soll der Austausch von Produktdaten vereinfacht werden.	Diese Fragestellung ist derzeit nicht abschließend zu beantworten. Ford arbeitet nach der Entscheidung für I-Deas mit SDRC zusammen; sowohl bei Ford als auch bei SDRC besteht eine allgemeine Offenheit im Hinblick auf Step, wobei Ford auch weiterhin praktisch an der Entwicklung von Step beteiligt ist. Im Vordergrund steht jedoch eindeutig die Entwicklung von C3P.	Auch hierzu können wir derzeit noch keine endgültige Aussage formulieren.
Opel	Unsere weltweite «Single Core CAD/CAM Strategy» basiert auf Unigraphics von EDS (Electronic Data Systems). Damit werden alle Applikationen im Hauptprozeßketten abgedeckt. Im Zuarbeitungsbereich werden noch sogenannte taktische oder Nischen-Systeme eingesetzt (z.B. für Rendering, Simulation, Off-Line Programmierung, Fabrikplanung etc.).	Wir haben weltweite Tests mit Step Prozessoren durchgeführt, sind im Solidbereich zufrieden, benötigen aber noch Verbesserungen bei der Übertragung von anderen Geometrieelementen. Zur Zeit werden individuelle Datenaustauschpipelines zwischen uns und einigen Zulieferern aufgebaut. Diese basieren teilweise auf Step AP 214. Mit zunehmender Verbesserung der Step Prozessoren werden die klassischen Schnittstellen mehr und mehr verdrängt.	Für die Solid-Übertragung brauchen wir Step bereits heute zwingend. Künftig werden zusätzlich zu Geometriedaten auch produktbeschreibende Informationen zu übertragen sein. Diese erweiterte Aufgabe läßt sich nur noch mit Step bewältigen.
Volkswagen	Volkswagen hat Anfang 1996 die neue, prozeßkettenorientierte CAD-Strategie, konzerneinheitlich in allen Marken und Regionen entlang den delinierten Hauptprozeßketten einheitliche CAD/CAM-Systeme einzuführen, verabschiedet und die Umsetzung eingeleitet. Als CAD/CAM-Hauptsystem des Konzerns wird für die Prozeßketten Karosserie, Ausstattung, Elektrik und die karosseriebezogenen Umfänge im Bereich Fahrwerk das System Catia der Firma IBM (Dassault) eingeführt. Für die Prozeßkette Aggregate und definierte Umfänge im Bereich Fahrwerk wird konzerneinheitlich das System PRO/Engineer der Firma Parametric Technology eingeführt. Diese Strategie folgend werden die heute im Konzern noch eingesetzten CAD/CAM-Systeme ICEM, Cadds und Euclid abgelöst. Für den speziellen Anwendungsfall Fabrikplanung setzt Volkswagen das auf dem System Microstation basierende eigenentwickelte Anwendungssystem HLS ein.	Volkswagen war und ist wesentlich an der Entwicklung des speziellen Step Anwendungsmodells AP214 (ISO 10303-214) beteiligt. Dieses wird in ersten Pilotanwendungen bereits eingesetzt. Innerhalb des Jahres 1997 erwarten wir den produktiven Einsatz zum Austausch von CA-Produktmodellen. Wir werden Step AP214 weiterhin zum Datenaustausch und zur Integration zwischen den CAD/CAM-Anwendungen, der Daten- und Dokumentenverwaltung sowie neuen Stücklistenanwendungen einsetzen.	Wir sehen im Einsatz von Step AP214 einen hervorragenden Lösungsansatz zur durchgängigen Integration des IS-geschützten Aufgaben im gesamten Produktlebenszyklus unter Einbeziehung der Zulieferer. In Kooperation der Automobilverbände AIAG, JAMA, GALIA und VDA wird die Verabschiedung von Step AP214 als internationale Norm forciert. Volkswagen hält daher den Einsatz von Step AP214 für zwingend erforderlich.

Quelle: Automobil-Produktion, April 1997, S. 102

Anlage 2   Anbieter von CAD-Software für die Automobilindustrie

Unternehmen	Mitarbeiter	Umsatz gesamt 1996 (Millionen Mark)	Umsatz mit Auto- mobilindustrie und deren Zulieferern (Millionen Mark)	Innovationen/Spezialitäten für die Automobilindustrie
Ascad, Bochum	150	67	10,5	Mechanik – CAD/CAM-Systeme
Auto-trol, Düsseldorf	26	13	nicht ausgewiesen	Mechanik – CAD-Systeme
Autodesk, München	weltw.: 1800 D.: 71	weltw.: 690 D.: 62,4	301	Mechanik – CAD-Systeme
Bihler CAD/CAM-Systeme, Lechbruck	18	5	4	Mechanik – CAD/CAM-Systeme
CAD-Fem, Grafing	40	13,8	3	FEM-Systeme
Cadbas, Essen	19	3	1	Mechanik – CAD, EDM, Teilebibliotheken
CMG, Eschborn	2600	363 (1994)	15	PPS-Systeme
Computervision, Wiesbaden	230	96	55	Mechanik – CAD/CAM-Systeme
Control Data, Frankfurt	weltw.: 1900 D.: 180	weltw.: 660 D.: 76	nicht ausgewiesen	CAD/CAM/CAE- und PDM Systeme Storage Management (Datenarchivierung)
Debis-Systemhaus Engineering, Leinfelden-Echterdingen	428	116	94	CAD-/CAE-/CAM-/CAQ-Systeme EDM, PPS, Dokumentenmanagement CAD-Datenkommunikation/Multimedia
Digital-Equipment, München	2834	1625	nicht ausgewiesen	CAD/CAE/CAM-Systeme, PPS und Logistik Dokumentenverwaltung
EDS Unigraphics, Köln	1200	510	180	Mechanik – CAD/CAM-Systeme für Prozeßketten, Produktdatenverwaltung
Fischer, Radolfzell	8	1,2	0,5	EDM-Systeme, CAD-Viewing, elektron. Ersatzteil-Kataloge
Genius CAD-Software, Amberg	80	15	10	Mechanikapplikationen für AutoCAD
H.A.N. Dataport, München	135	48	nicht ausgewiesen	Mechanik – CAD Systeme CAM-System-Formenbau
Haitec GmbH, Übersee	90	52	48	Mechanik – CAD, CAM- und EDM-Systeme
Infor, Neunkirchen	80	17	nicht ausgewiesen	PPS-Systeme, Variantengenerator
Intergraph, Ismaning	8000	1600	170	CAD/CAM-Systeme
Insicad-Rand, Ellwangen	370	130	nicht ausgewiesen	Mechanik – CAD/CAM-Systeme
Macrotron, München	85	100	nicht ausgewiesen	Mechanik – CAD/CAM-Systeme, Rapid Prototyping, Industrie Design System
Matra-Datavision, München	720	260	nicht ausgewiesen	CAD/CAM/CAE-Lösung, PDM-System
Mechanical Dynamics GmbH, Marburg	20	5	3	Mechanik, Virtual Prototyping, CAE Systeme
Parametric Technology, München	weltw.: 2500 D.: 220	570	140	CAD/CAM-System zur mechanischen Produktentwicklung: Design, Konstruktion, Dokumentation, Simulation, Analyse, Fertigung
PSI, Berlin	650	114	nicht ausgewiesen	PPS-Systeme, Dokumentenverwaltung CAD-Integration, EDI
SAP, Walldorf	6857	2698	nicht ausgewiesen	PPS-Systeme, Dokumentenverwaltung CAD-Integration, EDI
SDRC Software + Service Neu-Isenburg	1200	306	61	integrierte CAD/CAM/CAE-Lösung, PDM-System
sib Walter & Partner, Calw	40	5,5	nicht ausgewiesen	PPS-Systeme
Silicon Graphics, Grasbrunn	(1996) weltw.: 6500 D.: 210	(1996) weltw.: 4650	nicht ausgewiesen	Mechanik – CAD-Systeme, FEM-Berechnung
Sligos Industrie, Stuttgart				CAD/Catia, CAD-Datenaustausch EDM, Berechnungsprogramme
SMA Schaut, Karben	60	15	nicht ausgewiesen	Mechanik – CAD-Systeme, Digit-Archivsysteme Zeichnungsverwaltung Scanner, GTXRasterCAD
Strässle, Stuttgart	380	100*	nicht ausgewiesen	Mechanik – CAD/CAM-Systeme, Branchenlösung für Werkzeug- u. Formenbau, Schmieden u. Giessereien, EDM-System
Tebis, Gräfelfing	60	37	24	Mechanik – CAD/CAM-Systeme
VW-Gedas, Berlin	882	176	nicht ausgewiesen	Mechanik – CAD/CAM-Systeme

* AP-Schätzung

AUTOMOBIL PRODUKTION

Quelle: Automobil-Entwicklung, September 1996, S. 84

Anlage 3

Qualitätssoftware - Hersteller und Produkte

Unternehmen Umsatz in Millionen Mark Anzahl der Mitarbeiter	Anzahl der Anwender im Automobilbereich Produktspezialität	Einsatz im Q-Bereich
AHP Munkbrarup, Dettenhausen 1,6 14	50 CAQ-System für TQM-Ziele Unterstützung aller Betriebssysteme und Datenbanken, einfache Integration mit PPS-Systemen, R2/R3	TQM-Zukaufteile: Erstmuster, Wareneingang, WEP, Beanstandungssystem, Audit, Lieferanten-Bewertung, TQM-Eigenfertigung: Beanstandungen, Qualitätsbewertung, Instandhaltungssystem, FMEA, Audit TQM-firmenweit: Self-Assessment-System u.a.
CAT, Stuttgart 3,5 18	200 CAQ-Systeme, QS – 1-2-3-4 als Lösung aller Aufgaben der Q-Sicherung sowie des Q-Management	SPC, Wareneingang, -ausgang Prüfberichte, -planung, FMEA, 8D-Report, Reklamation, Prüfmittelverwaltung und Lehrenfähigkeit, Teilelebenslauf, Q-Zertifikate, Erstmusterprüfberichte, MIS, Standard PPS-Schnittstellen u.a.
CDE Software & Systems, Pforzheim 8,5 45	570 QUIPYS-CAQ 4.0 (wissensbasiertes CAQ-System) QUIPSY-FMS	Qualitätssicherung Qualitätsmanagement Fehler- und Reklamationsmanagement
Dr.-Ing. Brankamp, Erkrath 15* 70	1000 QC 1600 SPC Dr. Quality QDM Systeme zur Prozeßüberwachung	SPC, QDM, RM, TQM, Prozeßkontrolle Prozeßüberwachung Werkzeugüberwachung
Fischer-Computersysteme, VS-Villingen 4,5* 18	80 Heureka CAQ, modulares Komplett-System für Q-Management, DB-Enter, Zutrittskontrollsystem	Wareneingang, -ausgang, Fertigungsdok. SPC, Qualitätskosten, Reklamation, Erstmusterprüfung, Prüfmittelüberwachung, -fähigkeit, FMEA, PPS-Integration
GEWATEC, Wehingen 4 20	189 Graphisch-interaktives Prüfsystem, Meßdatenerfassung in Fertigungsbereichen	Zerspannungsbereich Kunststoffspritzbereich
IB SEECO, Erfurt 2.5 16	30 QSYS-Software: Prüfmittel-Management; Qualitätssicherung; Meßdatenerfassung, Sondermeßeinrichtungen, PPS-Systeme	Prüfmittelverwaltung, -überwachung, -fähigkeit, Prüfplanung, -auftragsverwaltung, Statische Prozeßlenkung, Wareneingangsprüfung, PPS-Kopplung, Lieferantenbewertung
IBS, Höhr-Grenzhausen 10 51	420 QSYS integriertes Qualitäts- und Labormanagement-System für die Fertigung, Fertigungs- und Prozeßindustrie	Wareneingang, -ausgang, Fertigung, Reklamation, FMEA, Prüfmittelmanagement, Audit, Erstmusterprüfung, Teilelebenslauf, Leitstand, LIMS, Workflow, Data Warehouse, SAP-Kopplung, Standard-Schnittstelle zu HOST-System
IDOS, Karlsruhe 4 20	250 I.Q.S.-Windows, rechnergestütztes, integriertes QM-System I.Q.S -OM/3	Wareneingangskontrolle; fertigungsbegleitende Prüfung, Endkontrolle, SPC, Reklamation, FMEA, QM-Handbucherstellung, Audit, Datenerfassung und Auswertung im SAP R/3-QM
Kistner Messtechnik, Boxberg-Unterschüpf 4,5* 20	220 Branchenlösungen System- und Datenbank unabhängig	System-FMEA, QM, IQ-Techniken, Wareneingang, Fertigung, Warenausgang, Prüfmittelüberwachung und -kalibrierung, Fehlermanagement, statistische Versuchsplanung u.a.
MESAS, Marpingen 5 26	350 MCMD, AFEA, Medagraph, QUASI	Module: Wareneingang, SPC-Fertigung, Prüfmittelüberwachung, Fehlermanagement, Erstmusterprüfung
PIQA, Planegg 1,6 9	35 Modulares CAQ- und BDE-System auf Basis der Client/Server-Technologie	Wareneingang, Fertigung, Montage, Warenausgang, Reklamationen, Prüfmittelwesen, Betriebsdatenerfassung, Maschinendatenerfassung
RTE, Pfinztal 3,5* 16	75 Systeme für akustische Qualitätsprüfung und Produktionsdiagnose	Serienfertigung, Wareneingang, Maschinenüberwachung, Produktionskontrolle, Komplett-Prüfstände
SAS Institut, Heidelberg 1 040 4 400	auf Anfrage CAQ, QFD, DoE Qualitätsinformationssystem Data Warehouse	ganzheitlich
Schillinge & Partner, Mülheim 3 14	200 Modulares CAQ-System >SPaQS< unter MS-Windows	Eingangsprüfung, Lieferantenbewertung, SPC, Erstmuster, Prüfmittel, FMEA, Reklamationen, Audit, Q-Kosten, Q-Management, PPS/CIM-Integration u.a.
Technosoft, Essen 5,2 30	50 Auditclientserver mit den Modulen Wareneingang, Warenausgang, Fertigung, Reklamationsmanagement, Dokumentenverwaltung, Erstbemusterung, Workflow, allgem. Auswertung	Automobilzulieferer, Kunststoffverarbeitung, Elektroindustrie, Grundstoffindustrie, Maschinenbau, Lebensmittel, chemische Industrie
Tecnomatix Automatisierungssysteme, Dietzenbach 75 280	1000 Q-Sicherung von der Konstruktion bis zur Fertigung: Kontrolle der Bemaßung und Toleranzierung, Festlegung funktionsrelevanter Merkmale, Definition und Darstellung der Toleranzzonen in CAD-Modell. 3D-Sonnentoleranzanalyse u.a.	Valisys/Programmierung erzeugt Programme off-line für Koordinatenmeßgeräte Valisys/Inspection zur Messung von Werkstücken Valisys/Analyse vergleicht gemessene Daten des Werkstückes mit Originaltoleranzen des CAD-Modells
UBS Software-Service, Stuttgart 10,4 50	100 CALVIN-Prüfmittel-Qualität-Management CAQ = QSYS von IBS, Gesamtsystem zur rechnergestützten Q-Sicherung	CALVIN Q-Management-System zur Prüfmittelverwaltung und Überwachung/Prüfung, CAQ = QYSY Gesamtsystem zur rechnergestützten Q-Sicherung
VW-Gedas, Berlin 250 1 000	250 audimess als CATIA-Anwendungsmodul zur Offline-Programmierung von Koordinatenmeßgeräten und zur Prüfplanung	Q-Bereich bei der Meßmaschinenprogrammierung
Werum Datenverarbeitungssysteme, Lüneburg 16 95	260 PAS-QS Qualitätskarten, Trend-, Run-, Mittelthird-Analysen, Archivierung von Q-Pässen, Online-Datenerfassung, Prüfstandssoftware	Produktion von Luftsäcken, Gummiteilen, Türverstärkerrohren, Prüfstandsautomatisierung, Zellenrechner in der Produktion

Quelle: Automobil-Produktion, April 1997, S. 110 - 111

Anlage 4

Der IT-Markt in Deutschland 1995 - 1997
(in Mrd. DM)

Segment	1995	1996	1997
Systemsoftware	4,900	5,100	5,350
Tools	5,600	6,100	6,700
Applikationen	7,600	8,470	9,450
Software-Entwicklung	6,000	6,400	6,800
Systemintegration	1,450	1,620	1,810
Bodyleasing	1,700	1,650	1,610
Verwaltung Rechenzentrum	3,100	3,200	3,300
Outsourcing	1,500	1,700	1,900
IT-Beratung	1,100	1,220	1,350
IT-Schulung	0,900	0,920	0,940
Hardware-Wartung	6,400	6,200	6,050
Gesamt Software + Services	**40,250**	**42,580**	**45,260**
Drucker	4,580	4,992	5,392
Erweiterungen, Kommunikation, Spezialsysteme, sonst. Peripherie	6,490	6,944	7,569
PC-Arbeitsplatzsysteme	10,300	11,227	12,350
PC-Server	1,500	2,025	2,572
Workstations	1,800	1,836	1,707
UNIX-Server / Mehrplatzsysteme	3,500	3,430	3,396
Mainframe und Mehrplatz	5,100	4,845	4,554
Gesamt Hardware	**33,270**	**35,300**	**37,540**
Gesamt IT-Markt	**73,520**	**77,880**	**82,800**

Quelle: Diebold Deutschland GmbH, http://www.diebold.de

Anlage 5

Entwicklung der IT-Landschaft

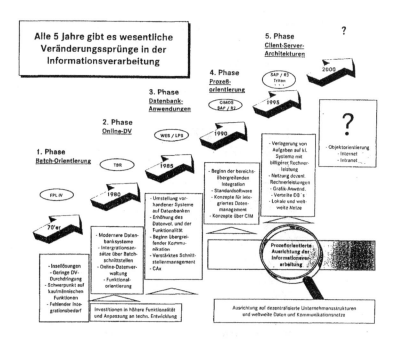

Quelle: Daimler Benz AG
   Herausforderungen für einen Automobilhersteller im weltweiten Wettbewerb
   Vortrag auf der Euroforum-Konferenz „Informationstechnologie in der
   Automobilindustrie", Bad Homburg März 1998

Anlage 6   Fragebogen zum Einsatz von Informationstechnologie

- Wie hoch war der Gewinn Ihres Unternehmens 1997?
- Wie hoch war der Umsatz Ihres Unternehmens 1997?
- Wie hoch waren die Aufwendungen für Informationstechnologie im gesamten Unternehmen 1997?
- Wie hoch ist das Budget für Informationstechnologie für 1998?
- Welche Computersysteme werden in den verschiedenen Unternehmensbereichen eingesetzt und von welchem „Hersteller" stammen sie, bzw. wurden sie im Unternehmen selbst entwickelt? (siehe nachfolgende Tabelle)

Unternehmensbereich	eingesetzte Systeme	„Hersteller" (bzw. Angabe, ob Eigenentwicklung)
Forschung & Entwicklung		
Materialwirtschaft		
Logistik		
Fertigung		
Verkauf / Distribution		
Qualitätsmanagement		
Personalwirtschaft		
Finanzwirtschaft		
Controlling		
Kommunikation		

- Werden konzernweit die gleichen Systeme eingesetzt oder existieren jeweils lokal eigene Lösungen?
- Wird in Ihrem Unternehmen Intranet bzw. Extranet genutzt?
- Wenn ja, auf welche Art von Daten kann per Intranet bzw. Extranet zugegriffen werden?
- Welche firmenexternen Benutzer können auf Daten aus dem Intranet / Extranet zugreifen?
- Wie erfolgt der Datenaustausch mit den Zulieferern? Wie sieht die Zusammenarbeit bzw. Anbindung im Bereich der Informationstechnologie aus? (z.B. werden Zulieferer verpflichtet, die gleichen Systeme zu benutzen, um Austauschbarkeit der Daten zu gewähren?)
- Worin sehen Sie neue Trends oder zukünftige Entwicklungen auf dem Gebiet der Informationstechnologie in der Automobilindustrie?
- Existieren in Ihrem Unternehmen Projekte bzw. Forschungsgruppen in diesem Bereich?

Literaturverzeichnis

Einzelschriften

Belzer, Volker / Dankbaar, Ben
The Future of the European Automotive Industry
Brüssel, Commission of the European Communities, 1994

Davidow, William H. / Malone, Michael S.
Das virtuelle Unternehmen
Frankfurt/Main 1993

Eistert, Torsten
EDI Adoption and Diffusion
Wiesbaden 1996

Hempfling-Wendelken, Martina
Vertikale Beziehungsstrukturen in der deutschen Automobilindustrie
Frankfurt/Main 1997

Müller, Günter / Kohl, Ulrich / Schoder, Detlef
*Unternehmenskommunikation: Telematiksysteme für vernetzte
Unternehmen*
Bonn 1997

Picot, Arnold / Reichwald, Ralf / Wigand, Rolf T.
Die grenzenlose Unternehmung
2. Auflage, Wiesbaden 1996

Rohweder, Dirk
Informationstechnologie und Auftragsabwicklung
Berlin 1996

Rupprecht-Däullary, Marita
*Zwischenbetriebliche Kooperation: Möglichkeiten und Grenzen durch
neue Informations- und Kommunikationstechnologien*
Wiesbaden 1994

Scheer, August-Wilhelm
EDV-orientierte Betriebswirtschaftslehre
Berlin 1990

Schindele, Sylvia
*Entwicklungs- und Produktionsverbünde in der deutschen Automobil-
und -zulieferindustrie unter Berücksichtigung des Systemgedankens*
Aachen 1996

Schwarzer, Bettina
Wirtschaftsinformatik: Grundzüge der betrieblichen Datenverarbeitung
Stuttgart 1996

Wildemann, Horst
Entwicklungsstrategien für Zulieferunternehmen
München 1993

Womack, James P. / Jones, Daniel T. / Roos, Daniel
Die zweite Revolution in der Autoindustrie
7. Auflage, Frankfurt/Main 1992

Wüthrich, Hans A. / Philipp, Andreas F. / Frentz, Martin H.
Vorsprung durch Virtualisierung
Wiesbaden 1997

Sammelwerke

Arthur D. Little (Hrsg.)
Management im vernetzten Unternehmen
Wiesbaden 1996

Becker, Lutz / Ehrhardt, Johannes (Hrsg.)
Business Netzwerke
Stuttgart 1996

Frieling, Ekkehard (Hrsg.)
Automobilmontage in Europa
Frankfurt/Main 1997

Gassert, Herbert / Prechtl, Manfred (Hrsg.)
Neue Informationstechnologien
Stuttgart 1997

Hudson, Ray / Schamp, Eike W. (Hrsg.)
Towards a New Map of Automobile Manufacturing in Europe?
Berlin 1995

Kern, Werner (Hrsg.)
Handwörterbuch der Produktionswirtschaft
Stuttgart 1996

Müller-Stewens, Günter (Hrsg.)
Virtualisierung von Organisationen
Stuttgart 1997

Peren, Franz W. / Hergeth, Helmut H. A. (Hrsg.)
Customizing in der Weltautomobilindustrie
Frankfurt/Main 1996

Scheer, August-Wilhelm (Hrsg.)
Handbuch Informationsmanagement
Wiesbaden 1993

Spremann, Klaus / Zur, Eberhard (Hrsg.)
Informationstechnologie und strategische Führung
Wiesbaden 1989

Beiträge aus Zeitschriften und Zeitungen

Bacon, Andrew
Schwere Zeiten für die Zulieferindustrie
in: Die Welt, 16.09.1996, S. 26

Diez, Willi
Individuelle Kundenwünsche und hohe Umweltanforderungen
in: Blick durch die Wirtschaft, 24.10.1996, S. 17

Gertz, Winfried
IT in der Autoindustrie / Multimedia-Mobil im Verkehrsleitsystem
in: Computerwoche, 04.04.1997, S. 47 - 50

Linden, Frank A.
Wachsen im Netz
in: Manager Magazin, Juli 1997, S. 102 - 113

Mertens, Peter / Faisst, Wolfgang
Virtuelle Unternehmen - eine Organisationsstruktur für die Zukunft?
in: Technologie & Management, Heft 2, 1995, S. 61 - 68

Meyer, Bernd
Automobilindustrie strafft Prozesse bei der Zulieferung
in: Computerwoche, 12.04.1996, S. 41 - 42

o.V.
Car dealers under siege
in: The Economist, 17.02.1998, S. 18

o.V.
Eine Branche will die Überholspur halten
in: Automobil Industrie, November 1997, S. 17 - 22

o.V.
Das magische Dreieck schlägt da voll zu
in: Automobil Industrie, November 1997, S.48 - 51

o.V.
Virtuell bis aufs Produkt
in: Automobil Industrie, November 1997, S. 82 - 84

o.V.
Das Ende des Tonmodells?
in: Automobil-Entwicklung, September 1997, S. 28 - 29

o.V.
Am Lenkrad im Internet surfen
in: Automobil-Entwicklung, September 1997, S. 46 - 50

o.V.
Deutschland: Virtuelles Auto - Autowahl am Monitor
in: Focus, 08.09.1997, S. 57 - 59

o.V.
Computersimulation - Ford erprobt die Fertigung an virtuellen Montagebändern
in: Blick durch die Wirtschaft, 07.08.1997, S. 13

o.V.
CAD-Anwendungen der deutschen Automobilhersteller
in: Automobil-Produktion, April 1997, S. 102

o.V.
Breites Spektrum im Q-Bereich
in: Automobil-Produktion, April 1997, S. 110 - 111

o.V.
Was ändert sich mit STEP?
in: Konstruktionspraxis, März 1997, S. 37 - 38

o.V.
CAD-Software für die Automobilindustrie
in: Automobil-Entwicklung, September 1996, S. 84

o.V.
Prognose: Weltweiter Autoboom
in: Handelsblatt, 22.08. 1996, S. 23

o.V.
Wachablösung bei DFÜ
in: Automobil-Produktion, April 1995, S. 98 - 99

Quack, Karin
Mercedes-Vertrieb wagt erste Online-Schritte
in: Computerwoche, 17.01.1997, S. 73 - 74

Quack, Karin
Die Zukunft des Automobils liegt im Internet
in: Computerwoche, 16.05.1997, S. 11

Rehsche, Michael
Virtuelle Welt im Automobilbau
in: Handelszeitung, 27.11.1997, S. 23

Richter, Jörg
EDI in der Automobilindustrie
in: Edi-Change, Heft 4, Dezember 1995, S. 3

Rother, Franz
U + M Autoproduktion
in: Wirtschaftswoche, 19.06.1997, S. 51 - 54

Scheffels, Gerald
Entwicklungschancen nutzen
in: Handelsblatt, 22.01.1997, S. 18

Schumann, Michael
Die deutsche Automobilindustrie im Umbruch
in: WSI Mitteilungen, April 1997, S. 217 - 227

Stiel, Hadi
Virtual Reality-Anwendungen - Ein Thema nur für die Top-500-Unternehmen
in: Computerwoche, 10.05.1996, S. 37 - 40

Wildemann, Horst
Das Management von Kernkompetenzen in Netzwerken
in: Blick durch die Wirtschaft, 06.10.1997, S. 5

Publikationen von Unternehmen, Verbänden und sonstigen Organisationen

Association des Constructeurs Européens d'Automobiles (ACEA)
Berger, Rudolf
Megatrends in der Automobilwirtschaft
Vortrag auf dem „Automobilwirtschaftlichen Symposium",
Bamberg 1993

Adam Opel AG
Opel-Information „21,5 Millionen Mark in neue EDV-Landschaft investiert"
Rüsselsheim 1996

Arthur D. Little
Overcapacity in the Automotive Industry
Vortrag auf der „5th Global Automotive Conference",
Brüssel Dezember 1997

Bundesministerium für Bildung, Wissenschaft, Forschung und Technologie (BMBF)
Informationsbroschüre Mobilität und Transport im intermodalen Verkehr (Motiv)
Bonn 1997

Comité des Constructeurs Français d'Automobiles (CCFA)
L'industrie automobile en France 1996
Paris 1997

Commission of the European Communities
European Automobile Industry
Brüssel 1996

Daimler Benz AG
Pauler, Günther (Leiter der Informationsverarbeitung)
Herausforderungen für einen Automobilhersteller im weltweiten Wettbewerb
Vortrag auf der Euroforum-Konferenz „Informationstechnologie in der Automobilindustrie", Bad Homburg März 1998

Diebold Deutschland GmbH
Studie „Kooperationen in der Kfz-Zulieferindustrie"
Eschborn 1997

European Council for Automotive Research and Development (EUCAR)
Ein europäischer Ansatz für innovative Fahrzeugentwicklung
Brüssel 1996

Europäischer Metallgewerkschaftsbund (EMB)
EMB-Position zur europäischen Automobilindustrie
Brüssel 1997

Ford-Werke AG
Heister, Hans Joachim (Leiter Systeme Produktentwicklung)
Der Einsatz von Informationstechnologie und der Nutzen für Ford
Vortrag auf der Euroforum-Konferenz „Informationstechnologie in der Automobilindustrie", Bad Homburg März 1998

Toyota Motor Corporation
The Toyota Production System
Tokyo 1996

VDA
Auto 1997
Frankfurt/Main 1997

VDA
Daten zur Automobilwirtschaft
Frankfurt/Main 1997

VDI
Systemengineering in der Kfz-Entwicklung
Düsseldorf 1997

Volkswagen AG
Volkswagen-Konzern und seine Systemlieferanten
Wolfsburg 1996

VW-Gedas
Customer Information Magazine
Berlin, Dezember 1997

<u>**Quellen aus dem Internet**</u>

Collaborative Automotive Network (CANET)
http://www.expertel.fr/CANET
Stand 27.02.1998

Diebold Deutschland GmbH
http://www.diebold.de
Stand 16.02.1998

Team based European Automotive Manufacture (TEAM)
http://www.lii.unitn.it/TEAM
Stand 27.02.1998

Automotive Industry Action Group (AIAG)
http://www.aiag.org
Stand 06.02.1998

Firmenverzeichnis

Daimler Benz AG
Walter Schupeck, Leiter Fachgebiet Systemtechnik
Mercedesstr. 137
70546 Stuttgart
Tel. 0711 / 17 - 21575
Fax 0711 / 17 - 24451

Marketing Systems GmbH
Thomas Mawick, Senior Consultant
Im Teelbruch 130
45219 Essen
Tel. 02054 / 933 - 300
Fax 02054 / 933 - 312

Verband der Automobilindustrie (VDA)
Ekkehart Saager, Leiter Logistik und Qualitätssicherung
Westendstr. 61
60325 Frankfurt
Tel. 069 / 7570 - 284
Fax 067 / 7570 - 320

Volkswagen AG
R. Herboth, Leiter Informationssysteme Fertigung, Logistik, Vertrieb
38436 Wolfsburg
Tel. 05361 / 9 - 28056
Fax 05361 / 9 - 28727

Eidesstattliche Versicherung

Hiermit versichere ich, daß ich die vorliegende Arbeit selbständig und ohne Benutzung anderer als der angegebenen Hilfsmittel angefertigt habe. Alle Stellen, die wörtlich oder sinngemäß aus veröffentlichten und nicht veröffentlichten Schriften entnommen sind, sind als solche kenntlich gemacht.

Die Arbeit hat in gleicher oder ähnlicher Form noch keiner anderen Prüfungsbehörde vorgelegen.

Frankfurt, den 22.04.1998

Diplomarbeiten Agentur

Die Diplomarbeiten Agentur vermarktet seit 1996 erfolgreich
Wirtschaftsstudien, Diplomarbeiten, Magisterarbeiten, Dissertationen
und andere Studienabschlußarbeiten aller Fachbereiche und Hochschulen.

Seriosität, Professionalität und Exklusivität prägen unsere Leistungen:

- Kostenlose Aufnahme der Arbeiten in unser Lieferprogramm
- Faire Beteiligung an den Verkaufserlösen
- Autorinnen und Autoren können den Verkaufspreis selber festlegen
- Effizientes Marketing über viele Distributionskanäle
- Präsenz im Internet unter **http://www.diplom.de**
- Umfangreiches Angebot von mehreren tausend Arbeiten
- Großer Bekanntheitsgrad durch Fernsehen, Hörfunk und Printmedien

Setzen Sie sich mit uns in Verbindung:

Diplomarbeiten Agentur
Dipl. Kfm. Dipl. Hdl. Björn Bedey –
Dipl. Wi.-Ing. Martin Haschke ——
und Guido Meyer GbR ——————

Hermannstal 119 k ——————
22119 Hamburg ———————

Fon: 040 / 655 99 20 ————
Fax: 040 / 655 99 222 ————

agentur@diplom.de ——————
www.diplom.de ——————

www.ingramcontent.com/pod-product-compliance
Lightning Source LLC
La Vergne TN
LVHW092344060326
832902LV00008B/786